チャイニーズドリーム

―中国が描く青写真―

任暁駟 編著

日中翻訳学院
速水澄 訳

The Duan Press
日本僑報社

序　十三億人のための中国の夢

国務院新聞弁公室主任　蔡名照

二〇一二年年十一月十五日、数百名の記者が朝から北京人民大会堂の東の広間で待っていた。十一時五十三分、共産党第十八回中央委員会第一回全体会議で新しく中国共産党中央総書記に選出されたばかりの習近平同志と他の中央政治局常任委員たちが、盛大な拍手の中、東広間に登場し、国内外の記者たちと対面した。私は幸運にも党の第十八回全国代表大会スポークスマンとして、今回の会見を取り持ち、近距離で習総書記のスピーチを聞くことができた。

忘れられないのは、習近平総書記がスピーチの中で「より良い生活に対する人民の憧れこそが、我々の努力目標だ」と特に強調したことだ。習書記は、「我が国の人民は生活を愛し、より良い教育、より安定した仕事、より満足できる収入、より確かな社会保障、より水準の高い医療サービス、より快適な住環境、より美しい自然環境を求めている。子供たちのより良い成長、より良い仕事、より良い生活を求めている」と述べた。

二週間後の十一月二十九日午前、習近平総書記は、『復興への道』展覧会参観の際に、中華民族の偉大な復興を実現する「中国の夢」を打ち出した。第十二回全国人民代表大会の第一回会議で国家主席に選出された習近平同志が、「中国の夢」という重要思想を系統立てて示したのだ。現在、中国のみならず世界中が「中国の夢」に注目しており、中国の発展を観察し、「中国の夢」から利を得たいと考えている。

一八四〇年のアヘン戦争後、中国は徐々に半植民地、半封建社会へと没落し、屈辱的な歴史が始まった。まさにその時から中国人民の民族復興の夢を追求する歴史が始まったとも言える。

近代以降の歴史を振り返ると、我々は孫文先生が提言した「中華復興」のスローガンとそのためのたゆまぬ努力の跡をはっきりと見て取ることができる。だが、民族復興の出口は見つからなかったのだ。

今から八十数年前の一九三二年、商務印書館が発行した『東方雑誌』で、夢というものについて討論が行われていた。編集長だった胡愈之氏が全国の各界の著名人に四百通余りの手紙を出し、二つの質問をした。一つ目は「あなたが夢見る将来の中国とはどのようなものですか」二つ目は「あなた個人の人生の夢は何ですか」だった。この活動には大きな反響があり、柳亜子、徐悲鴻、鄭振鐸、巴金、老舎ら百四十二名の著名人から回答があった。胡愈之氏の同僚だった金仲華は返事の中で「その時、中国は歴史の動乱期を経て、すでに新生への道を歩み始めている。その頃の中国の状況は、『富』の字ではなく、『強』の字で象徴的に表すことができる。最低限度のことについて言えば誰もが生活の問題を心配する必要はなく、飢えと死はもう大部分の中国人を襲うことはなくなっている」と述べている。作家の施蟄存は、「私の夢見る将来の中国は、『平和で、経済的に満ち足り、強く、栄えている』」と書いている。詩人の柳亜子は、「私の夢見る未来の世界は、社会主義の、平等な理想社会だ」と述べ、燕京大学教授の鄭振鐸はもっと率直に「我々は将来、偉大な社会主義国家を建設する」と宣言している。

この討論は、当時の有識者たちの夢に関する考えと思想傾向をある程度反映している。もちろん、その中で民族復興への渇望、社会主義の理想世界への憧れと思索は、まだ「夢」の段階にすぎない。中国共産党の指導の下、全国人民のたゆまぬ奮闘努力があってこそ、こういった先人たちの夢を一歩ずつ実現していくことができる。

習近平総書記が提言した「中国の夢」は、海外の同胞を含む中国人民共通の心の声、共通の願い、共通の意志を反映し、全国の各民族の最大のコンセンサスを凝縮しており、中華の子孫の国家発展、民族振興の情熱を激しくかき立てた。「中国の夢」を実現し、中国人民のよりよい生活を作り上げる、その責任は重く、道は険しい。我々が苦しみながら見つけ出した成功への道をたゆまず歩み、堅忍不抜の精神で、皆が心を合わせて不可能を可能にするパワーを生まなければならない。我々はまた、世の中のすべての幸福は、地道な労働から生まれるのだということを肝に銘じなければならない。

はばからずに言えば、中国の発展は世界中から称賛されたが、懸念と憂慮を抱く人々もいた。我々は世界に言いたい、中国は歴史上、軍事力で略奪を行ったことはないし、自分の勢力範囲を拡大した前例もなく、ましてや今のこの時代に起こり得るはずもない。世界の人々に市井の中国人一人一人が夢を追い求めている事実を理解してもらう必要がある。「中国の夢」は中国人だけの夢ではなく、世界にとっても必要なものだ。「中国の夢」は門を閉ざしながら自分たちで見る夢ではなく、開かれた夢であり、世界と共に勝ちとる夢なのだ。

世界は大きな変化を経て激しく移り変わり、各国人民は誰もが民主、自由、法治を欲し、公正、平等、幸福を追い求めている。どの国もその追求の過程で、各者各様の平坦ではない道を歩んできた。中国も今まさに重要な社会の転換期の真っただ中にいる。「百里を行く者は九十を半ばとす」と言うが、我々は自分たちの夢にどんどん近づいてはいるが、目の前に現れてくる問題はますます複雑になっている。我々は「中国の夢」が、困難に直面しても恐れずそれを乗り越え、様々な試練に適切に対応していけるよう、中国人を鼓舞激励し、中国の発展をさらに推し進めていく、「中国の夢」が幸せな中国を作り上げ、その善果が全世界へ波及していくと信じて疑わない。

目次

はじめに

夢はどこから来るのか

中華民族は苦難の歴史の中でたゆまぬ努力を続け、美しい夢への憧れと追求をあきらめたことはなかった。中華民族の偉大な復興を成し遂げるという中国の夢は、近代以降の中華民族の宿願だ。

——習近平

歴史には忘れられない場面というものがあり、時間にも重大な節目となる時がある。

二〇一二年十一月十五日がそのターニングポイントだった。中国共産党第十八回全国代表大会が閉幕し、歴史の新しい一ページが開かれた。

午前中に世界のメディア関係者が北京の人民大会堂に集結し、新しく選出されたばかりのリーダーの会見を心待ちにしていた。習近平が中国共産党中央総書記に選ばれるだろうということにわずかな疑いもなかったが、それでも世界はカメラを通して、習近平をトップとする新しいリーダーたちに視線を集中させていた。

十一時五十三分、新しい中国共産党中央総書記、習近平同志と他の中央政治局常任委員が記者たちの目の前に現れた。皆、彼が何を話すか憶測し、そして期待していた。

「御在席の皆様、友人の皆さま、こんにちは！　お待たせしてすみません……」この詫びを含んだ一言が皆と総書記の距離を縮めた。「党の同志全員の私に対する信任に心から感謝致します。必ずや重責を果たし、使命を全う致します！」「我々の責任は、全党及び全国の各民族の人民と団結し、歴史のバトンを引き継ぎ、中華民族の偉大な復興の実現のため、奮闘努力を続け、中華民族をより強靭にし、人類のため新たに大きな貢献をすることです」「世の中のすべての幸福は、地道な労働によってつくられます。我々の責任は全党と全国の各民族の人々を団結させ、率い、共に豊かになる道を、それることなくしっかりと歩みを進めていくことです」偉大な復興を実現した中華民族は人類のためにより大きな貢献を成し遂げるだろう！　これが習近平総書記の中国人民と世界の人々への厳粛な約束であり、「中国の夢」の核心的理念である。

二〇一二年十一月二十九日午前、習近平総書記は国家博物館に行き、「復興の道」の大型展覧会を参観した。参観後、習総書記は「険しい関所を越えいばらの道を行く」「この世の正道は大海のように激しく移り変わる」「風に乗り波を蹴立て今まさに進む時」の三つの言葉で中華民族の過去、現在、未来を概括し、「中華民族の偉大な復興の夢は必ず実現できる」という十三億人の中国人の心の声を代弁した。

二〇一二年十二月四日、北京の各界の人々が人民大会堂に集まり、現行憲法の公布・施行三十周年記念行事が盛大に行われた。習近平総書記は会議に出席し、スピーチで憲法と国家の命運及び人民の命運が密接につながっていることを強調した。憲法の権威を守ることが、党と人民の共通意志の権威を守ることになり、憲法の尊厳を守ることが、すなわち党と人民の共通意志の尊厳を守ることになる。憲法実施を保証することが、人民の根本的利益の実現を保証することになる。そして当然のことながら、それは「中国の夢」の実現を保証することにつながる。

二〇一三年三月十七日、中華人民共和国第十二回全国人民代表大会が閉幕し、習近平が中華人民共和国主席に選出された。彼は次のように述べた。「中華民族は五千年余りに渡る連綿とした途切れることのない文明の歴史を持ち、広大で深淵な中華文化を生み、人類の進歩に消えることのない貢献をしてきた。数千年の年月の移り変わりの中で、我が国の五十六の民族、十三億人の人々を一つにしてきたのは、我々の懸命な努力、共に作り上げたすばらしい故郷、共に培った民族精神であり、その中心を貫く最も重要なものが、堅持してきた理想であり信念だった」我々は「中華民族の偉大な復興という中国の夢を実現するため、奮闘努力を続けなければならない」のだ。

「中国の夢の実現には中国独自の道を歩まなければならない」「中国の夢実現のためには中国精神を高揚しなければならない」「中国の夢実現のためにはチャイナ・パワーを結集しなければならない」「中国人民は平和を愛している。我々は平和、発展、協力、ウィンウィンの旗印を掲げ、平和的発展の道を歩み続け、ウィンウィンの開放戦略を励行していく。世界各国との友好・協力の発展に力を注ぎ、果たすべき国際的責任と任務を遂行し、各国人民と共に人類の平和と発展という崇高な事業を進めて行く」習近平主席は「中国の夢」の内容と実現のための道筋をはっきり示した。

二〇一三年の三月と六月に、習近平主席は相次いでロシアとアフリカの三国、ラテンアメリカの三国とアメリカを訪問し、「中国の夢」について語り続けた。特にアメリカ訪問の際、オバマ大統領に対し「中国は今後努力を続け中華民族の偉大な復興という中国の夢を実現し、人類の平和と発展という崇高な事業の促進に努力する。中国の夢とは国家の富強、民族の復興、人民の幸福の実現であり、平和、発展、協力、ウィンウィンの夢であり、アメリカの夢を含む、世界各国の人民の美しい夢と相通ずるものだ」と明確に説明した。

「中国の夢」は十三億の中国人の夢であり、強国の夢であり、それ以上に豊かな人民生活の夢である。この夢は何代にも渡る中国人の宿願であり、今の世の中華の子孫一人一人の憧れなのだ。

第一章

復興の夢か、覇権の夢か

「中国の夢」の実現には、平和的発展を堅持する必要がある。平和的発展の道を歩み続け、ウィンウィンの開放戦略を励行していく。中国自身の発展に力を注ぐだけでなく、世界に対する責任と貢献を強調する。中国人民に幸福をもたらすだけでなく、世界の人々にも幸福をもたらすのだ。

——習近平

誰もがそれぞれの夢を持ち、夢はそれぞれの成長と進歩に相伴い、国の繁栄を支える。各民族にもそれぞれの夢があり、中華民族の偉大な夢とは民族復興の実現であり、同時に世界にも貢献することなのだ。

「中国の夢」が呼び覚ましたもの

考えることによって夢が生まれる。夢とは探求であり、理想である。中華民族の偉大な復興の背後には、千年の共鳴があり、百年の渇望がある。

中華民族の歴史は長い。五千年に渡り連綿として続いてきた歴史の歩みの中で、中華の子孫は輝かしい中華文明を生み出し、人類社会の進歩と発展に傑出した貢献を為し、不朽の一章を書き残した。中華文明は歴史上かつて世界の潮流をリードし、時代の先端を走り、そのリーダーとしての地位は十五世紀まで保たれた。中国古代の製紙技術、火薬、印刷術、羅針盤の四大発明は、世界文明の発展に深遠で長きに渡る影響をもたらした。明の時代(一三六八—一六四四)以前の世界の主な発明と重大な科学技術の成果は約三百あるが、中国のものが百七十に上り、半分強を占めている。十八世紀末、中国の経済総額は世界一位で、人口は世界の三分の一を占めていた。人類の歴史において、様々な種類の古代文明が現れたが、今日までずっと連続し大きな断絶がないのは、中華文明のみである。

近代になり、封建制度の衰退、そして西欧列強の侵略と略奪により、中国は徐々に落後者となり、半植民地、半封建社会へと落ちぶれ、中華民族は苦難の深い淵に沈んでいった。国家を存亡から救い出し、民族の振興を図ろうと、多くの志ある者たちが策を練ったが、いずれも志を果たすことはできなかった。孫文を代表とする資産階級の革命派が「中華振興」のスローガンを叫んだ。一九九一年、辛亥革命が清王朝（一六四四—一九一二）を覆し、二〇〇〇年余り続いた君主専制制度が終わりを告げたが、しかしながら中華民族の屈辱的な立場と中国人民の悲惨な境地を変えることはできずにいた。清朝末期、民国初期の中国政壇には多くの政党が現れたが、いずれも中国の独立と発展の問題を解決することはできなかった。

一九二一年に中国共産党誕生後、中華民族の独立、解放、復興実現の重責は、中国共産党の肩にかかった。共産党の十八回大会報告にあるように、党が成立したその日から「中華民族の偉大な復興実現の重責」を負うこととなった。

十九世紀半ばから二十世紀半ばまでの百年間、中国人民のすべての奮闘努力は祖国の独立と民族の解放を実現し、民族の屈辱の歴史を完全に終わらせるためのものだった。この歴史的偉業は、中華人民共和国成立を象徴としてすでに完了した。二十世紀半ばから二十一世紀半ばまでの百年間の中国人民のすべての努力は、祖国の富強、人民の富裕、民族の偉大な復興実現のためのものだった。この大事業は、中国共産党のリーダーたちと中国人民の半世紀余りに渡る努力により大きな進展を遂げた。一九四九年の新中国成立後、中国共産党は新民主主義から社会主義への移行を創造的に完了し、中国歴史上最も偉大で最も深い意味を持つ変革が実現し、社会主義の基盤の上に中華民族の偉大な復興を実現するという歴史の長い道のりを歩み始めた。一九七八年以降、中国共産党と人民は、中国の特色ある社会主義という正道を見つけ、中華民族の偉大な復興に輝かしい前途が見えてきた。

「中国の夢」が人々の心の奥に眠る歴史の記憶を呼び覚ました。それゆえ、習主席が「中国の夢」を提言した時、強烈な共鳴が起き、億万の中国人の心を動かしたのだ。

国が弱いと馬鹿にされ、民族が衰退すると欺かれる。落後者は打ちのめされる。生き抜くためには強くなければならない。中華民族の偉大な復興の実現は、単純に昔日の栄光を取り戻そうというものではなく、漢や唐の栄華の時代に戻ろうというのでもなく、それ以上に、他者に脅威を与えよう、世界を制覇してやろうなどというものではない。かつて列強にひどい目にあわされ、今もまだ発展途上国にあるこの国を、今世紀半ばまでに豊かで強く、民主的で文明的な、調和のとれた社会主義現代国家にしようというものなのだ。

「中国の夢」は人々の奮闘努力のビジョンを照らし出した。ロシアの『モーニング・ポスト』二〇一三年三月十三日のコラムでは、「中国の新しい改革の目標は『中国の夢』の実現だ。この夢とは具体的には社会の福利水準を引き上げ、国家の安全を保障し、経済の発展を維持しようというものだ。すべての中国人がこの夢の恩恵を受け、そしてその結果が中国を超大国にする基礎となるだろう」と書かれていた。中国が社会主義の道を歩むことは人民が選んだことで、歴史の必然だ。社会主義制度が億万の人民の、新生活建設の情熱を奮い立たせ、新中国は経済、政治、文化、社会の建設において、急速に大きな成果を得ることができた。間違いもあったし、回り道もしたが、中国共産党のただひたすら人民のため、国家のため、民族のために福利をはかるという信条と追求は終始変わることはなかった。だからこそ、経験と教訓を総括しながら、国を強く民を豊かにするという目標のためにたゆまぬ努力を続けてこられたのだ。改革開放政策は中国社会に、広範囲にわたる深刻ですさまじい巨大な変革をもたらし、社会主義を活性化し、繁栄させた。三十年余りの間に、中国の経済総額と総合的国力は飛躍的に上昇し、人々の生活は、衣食住に足りるというレベルから全体としての小康社会（ややゆとりある社会）へと歴史的な飛躍を遂げ、社会主義制度は弊害の排除と革新の中で、自身で改善と発展を進め、国の姿に天地を覆すほどの変化をもたらした。

今日の中国は、人民は意欲にあふれ、日進月歩の発展が見られ、社会は活力に満ち、国際的地位は日に見えて向上し、全世界が注目し、驚嘆し、羨んでいる。中国人民は歴史上のいつの時代よりも中華民族の偉大な復興実現の自信にあふれ、その力を持っており、歴史上のどの時代よりもこの目標に近づいている。「中国の夢」はまさに、中国人が共に守り続けてきた国家の富強、民族の振興、人民の幸福の実現という理想と信念に呼応するものであり、国の強力な発展情勢がその現実的支えとなっている。だからこそ、その夢がこれほどまでに強烈に激しく人々の心を動かし、奮い立たせるのだ。

中国の国内問題解決の鍵とは

中国は世界第二の経済大国になったが、東部と西部の発展の不均衡、貧富の格差、経済構造の非合理性、経済社会の発展と脆弱な生態環境の不適合などが「中国の夢」実現の障害となっている。同時に、中国が長きに渡り社会主義初期段階にあるという基本的な国情に変わりはなく、日々増大する人民の物質文化に対する要求と立ち遅れた社会的生産力との間には今も重大な矛盾が存在し、中国が世界最大の発展途上国だという国際的地位にも変わりはない。このことから、中国の政治家たちには、人民を率いて社会主義初期段階という最重要の国情と現実をしっかりと把握し、驕らず、卑下せず、すべて実情に基づき、実際的な政策を出し、実質的なパワーを鼓舞し、実際的なことのために日夜公務に励み、勤勉に働くこと、表面的な言葉を求めたり、実際の効果、実際の効率、実際の速度、実際の品質、実際のコストなどを重視しない形式主義をとったりすることをやめ、一歩ずつ足跡をつけるように青写真を描き、夢を実現することが要求されている。鄧小平氏はかつて「実行しなければ、そこにマルクス主義はかけらもない」と言った。(注①)これと同様に、実行しなければ、中華民族の偉大な復興も夢のままで終わる。無駄な論争は国の行く末を誤り、実質的な行動こそが国を興す。行動が第一、実行が第一だ。そうでなければ「中国の夢」のため、現実に照らして基礎を固め、根本的な保証を提供することはできない。

「中国の夢」の実現は一朝一夕にできるものではなく、順風満帆に進むものでもない。「中国の夢」は開拓と革新を柱とする夢だ。社会主義初期段階という背景の下、中華民族の偉大な復興を実現し、発展途上国という基盤の上に近代化を実現し、十三億の人口を持つ国で、共通した豊かさを実現し、西洋社会主導の世界の枠組みの中で大国の平和的発展を実現するなど、これらすべてが過去になかった全く新しい事であり、全く新しい模索であり、実践なのだ。この意味で、「中国の夢」は人類社会にかつてなかった斬新な夢だとも言える。アルゼンチンの新聞『クラリン』の二〇一三年七月十四日号は、「習近平は中国の今後十年の戦略目標を『中国の夢』の実現に確定したが、世界でかつてこのような言葉を使ったのはアメリカだけだ。二十一世紀の世界はリードすることはできても統治することはできない。この世界は流動的で、そのような体制は夢によってのみリードすることができる」と書いた。「中国の夢」の実現は世界と切り離すことはできず、その実現はいずれ世界の役に立つ。中国の発展は「独奏」ではなく。「交響楽」なのだ。中国の政治家と人民は普通のやり方に満足してはならず、それ以上にこれまでの古いやり方を踏襲してはならない。開拓革新の精神で新しい方法を探し、新しいルートを求め、新しい経験を積み、新しい措置をとり、革新により新しい道を進み、革新によって新しい夢を実現しなければならない。

「中国の夢」実現の道において、他に必要なものは何か。他にどんな障害が存在するのか。国内外の専門家やメディアは次のようなことを述べている。

注①　『全国科学大会開幕式における講話』（一九七八年三月十八日）、『鄧小平文選』第二巻九十ページ　人民出版社一九九四年版

一、「中国の夢」実現には多くの基本的条件が必要である。シンガポールの新聞『聯合早報』二〇一三年四月二十九日版では、「『中国の夢』実現について、基礎段階でしなければならないのが、優れた教育体制と科学技術発展のための体制の確立、優れた堅実な文化的土台の形成、強い力を持つ法制度の確立、社会機能の公正性と公平性、誠実で虚偽のない状態、法を守り賄賂を拒む姿勢と公務員の高度な職務意識の確立、清廉潔白で高効率な政府の建設、独裁者あるいは凡庸な者が政治を担うのを防止できる政治制度の確立、充分な抑止力、強敵に容易に侵攻させないだけの軍事力の確立である」と述べている。

二、GDP主義は「中国の夢」最大の敵だ。著名な学者の鄭永年は、「発展という角度から見て、GDP主義は中国経済の成長潜在力を充分発揮するために助けにならないばかりか、逆に短期間にその潜在力を使い果たし、急速に中所得国の罠に陥る可能性がある。言葉を変えれば、GDP主義は表面的には『中国の夢』を追求するようだが、実際にはそれをつぶしてしまう」と述べている。(注②)

三、収入不公平の解消も「中国の夢」実現の鍵である。シンガポール『海峡時報』二〇一三年四月二十四日版には、「中国の過去三十年の経済成長率は九・九%に達しており、多くの人を貧困から抜け出させた。しかしGDPの伸びは広がり続ける収入と富の格差を伴っており、民衆が公平に繁栄の成果を分け合えないことを意味している。中国政府は収入不公平の問題を正視しなければならない。収入不公平という問題の解決が明らかに『中国の夢』実現の鍵である」と書かれている。

四、住宅価格の高騰が「中国の夢」を妨げている。イギリスの『エコノミスト』誌の二〇一三年五月四日号では、「庶民に『中国の夢』は何かと尋ねたら、自分の家を持つことだ、というのが一般的な答えだ。しかしながら、毎年続く住宅価格高騰により、多くの人がその夢を実現できずにいる。政府のインセンティブ措置が適切でなく、投機抑制政策が不充分なため、庶民の夢が何度も打ち砕かれている」と述べられている。

五、スモッグが「中国の夢」を窒息させる。イギリスの『フィナンシャル・タイムズ』二〇一三年五月六日号では、「習近平の夢は国内的には財力増強で、対外的には国力増強のようだ。しかし、人々を窒息させているスモッグからわかるように、中国のリーダーたちは国家目標を考え直さなければならない。経済が急速に発展した結果、都市が呼吸の危険にまでさらされるようになってしまったなら、経済成長にいったいどんな意味があると言うのか」と書かれている。

六、「中国の夢」実現には、より柔軟で、慎重な外交政策が必要だ。スペインの中国政策観察のホームページは、二〇一三年六月十日に次のような文章を載せた。「国土が広く、人口の多い中国が二十一世紀の強国になるという目標を立てた。中国はすぐにアメリカをしのぐ世界第一の経済大国になるだろう。「中国の夢」の実現に必要なのは、柔軟で慎重な外交と、国の発展を保証する経済及びそれに必要

注②　『GDP主義は「中国の夢」の最大の敵だ』、シンガポール『聯合早報』二〇一三年四月十六日

なエネルギーだ」

七、『人民論壇』誌の「国家レベルの問題」調査結果によると、ベストテンに並んだのが、1、「腐敗事件の多発。腐敗撲滅の力がなければ党が滅び国が亡ぶ。いかにして歴史のサイクルから逃れるか」（一〇〇％）2、「貧富の格差が開きすぎ、収入の分配が不公平。いかにして利益のパイを合理的に分配するか」（九七・一六％）3、「いかにして最下層の人々が家を買い、病院で治療を受け、学校に行くことができるようにするか」（八六・七五％）4、「権力と資本の結束がますます強くなっている。いかにして公権力の取り込みを防ぐか」（八二・三六％）5、「官僚本位の横行。いかにして官僚主義、形式主義の問題を解決するか」（七八・九九％）6、「既得権益集団による阻害が続いている。いかにして重要分野の改革を進めるか」（七八・九九％）7、「資源、環境、生態の危機が突出している、いかにして美しい中国を作るか」（七七・七三％）8、「安定を維持しようとすればするほど不安定になる。いかにして社会管理を刷新し、社会の安定を維持するか」（七三・五六％）9、「経済の減速に対する圧力が増している。いかにしてすみやかな発展を維持し、より大きな利益を生んでいくか」（七二・八九％）10.「官僚の財産申告と公示において、いかにして真実を求めるか」（七二・三六％）（注③）

問題はこのように様々で一つではない。明らかなのは、中国人は自分たちの問題をもっとはっきりととらえ、もっと鋭く指摘していく必要があるということだ。

中国は前進する道の途中で問題に直面しており、しかもそれはこれまでに経験のない巨大な問題なのだ。中国はどうすべきなのか。答えは、発展における問題はやはり発展によって解決するしかないということだ。

第一に、国民生活の問題を解決し、共通した豊かさを実現すること。中国共産党の政治理念では「全国民が共に豊かになる」ことをこれまでずっと目標にしてきた。中国共産党第十八回全国代表大会において、中国の特色ある社会主義の目標をさらに一歩進めて充実させ、改善した。大きな改善ポイントは、単一の「国家」レベルの目標を、個人、集団、国家の三つの段階における目標へと内容を充実させた点だ。個人レベルでは「人の全面的発展を促進する」、集団レベルでは「全人民共通の豊かさを徐々に実現する」、国家レベルでは、「民主的文明的で調和のとれた社会主義現代国家を建設する」だ。これらは中国の特色ある社会主義目標の価値が、過去の単純に「国家の富強」を重視したものから、「国家の富強、人民の富裕」を同時に強調するものへと転換し、中国の特色ある社会主義の道の内容をより豊かなものとした。

第二に、発展を堅持し、大きな利益を生み、共通した豊かさの堅実な物質的基礎を打ち立てること。第十八回代表大会の報告では、「社会の生産力を解放し発展させなければならない」と指摘されている。経済建設を中心に、科学的発展をテーマとし、経済発展方式の転換の加速を主線として、人民本位の全

注③　『人民論壇』二〇一二年第三十七号

面的で調和のとれた持続可能な科学的発展を堅持する。一方で、都市化建設を加速し、共同富裕実現のための道を切り開く。第十八回大会では「都市と農村の発展の一体化」戦略構想がすでに打ち出されている。都市と農村の統一的発展にさらに力を入れ、農村の発展パワーを増強し、徐々に都市と農村の格差を縮め、都市と農村の共同繁栄を促進する。また一方で、地域発展の全体戦略の実施を加速し、各地域の長所を充分に発揮する。西部大開発を優先的に推進し、東北地区などの古い工場地帯を全面的に振興し、中部地区の台頭を全力で促進し、東部地区のいち早い発展を積極的に支援する。これらが地域発展の不均衡を解決する重要な措置だ。

第三に、社会主義制度の優位性を充分に発揮し、全国人民に発展の成果を享受してもらう。第十八回大会の報告では、「社会主義の基本的経済制度と分配制度を堅持し、国民収入の分配構造を調整する。再分配の調節にさらに力を注ぎ、収入の分配格差の問題の解決に力を入れ、発展の成果をより多くより公平に全国民に行き渡らせ、共同富裕に向けて着実に前進する」と指摘している。共有制の位置づけを明確にし、その強化を続け、「ゆるぎない共有性経済を固め発展させ」つつ、また一方で発展の成果の人民による共有を実現し、収入分配制度の改革を深化しなければならない。「住民の収入増加と経済発展を並行させ、労働報酬の増加と労働生産率の向上を並行させ、国民収入分配における住民の収入の比重を高め、労働報酬の初期分配の比重を高める。初期分配と再分配はどちらも効率と公平性を考え、再分配ではさらに公平性を重視する」とされている。

国が強くなければ国民を豊かにすることはできない。国を強くすることは国民を豊かにするためでもある。国民が豊かでなければ、発展は成功したとはいえない。国民が幸福でなければ、復興は完成したとはいえない。中華民族の偉大な復興の実現とは、すなわち中国人民によりよい教育、より安定した仕事、より満足できる収入、より確かな社会保障、より高水準の医療衛生サービス、より快適な居住条件、より美しい環境をもたらすことであり、中国の子供たちがすこやかに成長し、次の世代の仕事、生活が今よりよくならなければならない。さらに言えば、中国人民がより豊かで尊厳のある生活を送ることができ、一人一人が自由で全面的な発展を実現できなければならない。

覇権かそれともウィンウィンか

偉大な復興の途上にある中国は、自国の利益を追求すると同時に他国にも理にかなった配慮をし、自国の発展の過程で各国が共に発展できるよう促進する。偉大な復興の途上にある中国は、自国民の利益を各国人民の共同利益に結びつけ、積極的な姿勢で国際業務に参与し、共に世界全体の試練に相対し、人類発展の難題を解決する道を堅持する。一言で言えば、「中国の夢」は中国だけのものではなく。世界全体のものなのだ。

「中国の夢」は単純な中国の発展ではなく、中華民族の天下をも救いたいという広い心と、世界の他の民族を包み込み共生していこうという民族の文化的心理を基礎としたものであり、そこに表れているのは中華民族の人類に貢献しようという志だ。

世界の歴史を概観すると、これまでの西側大国の台頭は、いずれも植民地拡大と略奪を基本に実現したもので、戦争は大国が台頭するための基本的手段だった。このような歴史に基づくため、一部の西側国家は中国の台頭にかなり疑いを抱いており、時には「中国脅威論」を声高に唱え、時には「中国崩壊論」を唱え、いまだに冷戦思想を抱いている国さえあり、中国を封じ込めようと画策したり、制止しようとしたりさえする。しかし中国の歴史が表明し、今後も表明し続けるであろうが、これらは中国の台頭を西側の歴史観で観察して出した結論と行動であり、誤った見方だ。

一四〇五年から一四三三年の間、明朝の皇帝が鄭和率いる船隊数万人を西洋に派遣し、三十余りの国々に足跡を残した。西欧列強の思考方法によるなら、中国は当時機に乗じて領土を開拓し、勢力範囲を拡大していたはずだ。だが、中国はそれをしなかった。鄭和は、磁器やシルクなどの明の最高の品々を行く先々の国へ運び、各国の使者を暖かく迎え入れ、送り出し、行く先のどの国にも一人の兵も残さなかった。

西欧の歴史観ではなく、中国自身の歴史的発展に基づいてこそ、中国の台頭を判断することができ、そうしなければ、中国社会発展の基本的ロジックに合う結論を出すことはできない。「中国の夢」の実現は、過去の大国の台頭とは異なり、中華民族の、平和を好みそれを大切にして守る優れた伝統、美しい願いと強い意志に基づいており、平和的発展、科学的発展を基本とする道筋であり、基本方式なのだ。中国の発展は他国の利益の略奪と侵犯の上に作られるものではなく、他の国々や民族と手を携えた発展、調和的発展、共同発展であり、繁栄の享受なのだ。

中国人民大学新聞学院院長、国務院新聞弁公室前主任の趙啓正は、「一つの偉大な国家、民族は必ず世界のために貢献し、人類文明の進歩を推進しなければならない。『中国の夢』は私利私欲の夢ではなく、自分のことしか考えず他者を顧みない夢ではない。ましてや他者の利益を損なうような夢ではない。『中国の夢』が追い求めるのは、中国の発展と世界の発展の同時進行であり、中国の富裕と世界の富裕の同時進行である。『中国の夢』の実現は世界の発展に利をもたらす」と述べている。（注④）

二〇一三年六月に中国を訪れたキッシンジャー博士が『中国経済週刊』の取材を受けた時、西欧の学者が中国の台頭をかつての「ドイツの台頭による第一次世界大戦勃発の危機」の状況の再現になりはしないかと心配していることが指摘された。博士のこれに対する答えは否定的で、「歴史において、既成大国と新興大国の間に何度も激しい衝突があり、争いや戦争が何度も勃発してきたが、これがあたかも歴史の法則であるかのように考えられている」と述べた。この見方で米中関係を説明する論は、過去の一時期かなり流行した。幸運にも、アメリカにしろ中国にしろリーダーたちは皆、こういった歴史的宿命を望まないことを表明した。キッシンジャー氏は、二〇一三年六月、「習近平国家主席がオバマ大統領の農場における会議の中で、新しいタイプの国家建設について話したが、これは非常に重要で熟考に

注④　『〃中国の夢〃は私利私欲の夢ではない』、『解放日報』二〇一三年六月二十七日

熟考を重ねたものだった」と述べ、「歴史上の大国間の関係の多くは衝突によって解決してきた。だが、今日の世界では互いを壊滅させてしまうことのできる武器が存在し、グローバル経済が脆弱であるため、そういった状況が全面的な危機を引き起こす可能性がある」「長年にわたり、私はずっと米中関係において新しいタイプの国家関係を築くべきだという意見を持ち続けてきた。たとえそれが困難であろうとも、我々のリーダーにはそれを促進する責任があり、習近平主席とオバマ大統領はこういった関係樹立に対し真摯な態度で臨んでいる」と述べた。(注⑤)

人類に貢献するというのは「中国の夢」の重要な意義であり、基本内容である。「窮すればすなわち独りわが身を良くし、達すればすなわち天下を良くす」というのが中華民族の基本的な文化心理であり、中華民族の優れた伝統であり徳性である。この伝統は中華民族と他の民族との調和的共生、相互包容、互いを一体と見る全体的思考と世界観に基づくものだ。このような思考と世界観に基づいているからこそ、中華民族は世界の発展に対する責任を忘れようとはせず、常にこのような責任を自らに求め、自らを鞭打ってきた。またこのような思考と世界観に基づいているからこそ、過去二千年の大部分の歳月において、中華民族は世界の民族に対し巨大な独自の貢献を行ってきたのだ。これについて、哲学者のベーコン、ルソー、歴史学者のジョゼフ・ニーダムら西欧の有識者たちは、高く評価している。最近の二百年足らずの間、中華民族の世界に対する貢献は西欧の野蛮な侵略と略奪によって中断させられ、中華民族は貧しく弱い立場に陥り、西欧国家から遅れをとってしまった。

それでもなお、中華民族は世界に貢献するという責任を忘れてはいなかった。一九五六年、毛沢東は、「辛亥革命から今年でたった四十五年しか経っていないが、中国の姿は大きく変わった。さらに四十五年が過ぎ、二〇〇一年になり、二十一世紀に入る頃、中国の姿はさらに大きな変化を遂げていることだろう。中国は強大な社会主義工業国に変わっているだろう。そうであるはずだ。なぜなら中国は九六〇平方キロメートルの土地と六億人の人口を持つ国であり、人類に大きな貢献をしなければならないからだ。しかしながら、過去の長い期間、ほとんど貢献することができなかった。我々はこのことが慚愧に堪えない」と述べた。（注⑥）人類に貢献するという思想意識が、人民を率いてたゆまず奮闘するよう、中国共産党員を鼓舞し続けてきた。鄧小平はこの思想を三本の近代化発展戦略に表した。一九八五年には「現在、人々は中国に大きな変化が起きていると言っている。私は一部の外国の客人に話した。これは小さな変化にすぎないと。今の四倍になって、まずまずの生活水準に達したら、中ぐらいの変化だと言っていいだろう。新世紀の中頃になって世界の先進国の水準に近づけば、それでやっと大きな変化だ

注⑤　『キッシンジャー再び中国を語る』、『中国経済週刊』二〇一三年第二十七号
注⑥　『孫中山氏を記念する』、『毛沢東文集』第七巻一五六〜一五七ページ、人民出版社一九九九年版

と言える。その時になれば、社会主義中国の分量と作用は今とは異なるものとなり、人類に対し、やや大きな貢献ができるようになる」と述べた。（注⑦）一九八七年、鄧小平はまた、二十一世紀の中頃になって中レベルの先進国になれば、人類により多くの貢献ができる、「我々には大きな志がある」と強調した。（注⑧）鄧小平は中華民族の人類に貢献するという価値観、理想と中国近代化建設の発展戦略を密接に結びつけ、中国の特色ある社会主義の共同理想に融合させた。この理想の追求こそが、中国が一歩一歩責任ある大国、強国へと進んでいけるよう、激励してきた原動力なのだ。習近平総書記が打ち出した「中国の夢」は、中華民族が独立し、国の経済総額が世界第二位に達し、中国が世界の舞台の中心に立ったという背景の下で展開されたもので、毛沢東や鄧小平が強調してきた、中華民族は人類のために大きな貢献をすべきだ、という思想の延長なのだ。「中国の夢」は、中国自身が発展していくと同時に人類にも貢献するということを強調したいのだ。こういった思いと抱負があってこそ、中華民族の自尊と自信、理性的で科学的、実務的で進取的、開放的で寛容な国民心情が形成でき、世界の他の民族から尊敬される成熟した大国の精神構造が形成でき、一人一人の中華の子孫たちが中国人としての栄光と尊厳を享受できる。

香港の『サウスチャイナ・モーニング・ポスト』二〇一三年五月十五日の論評では、「過去三十年の間に、中国は多数の政府間組織と数百の非営利組織のメンバーになっていった。中国はすでに国際社会の交流に参加している。三百余りの多国間協定の調印国であり、豊かな外交知識と老練さが称賛されている。現在中国は国連を最も支持している国の一つである。安全保障理事会の一票の否決権を最も使っていない国だ。中国は時には昔のやり方で問題を処理することもあるが、全体的に見れば、徐々に積極的な国家になりつつある」と書かれていた。

「中国の夢」イコール「世界の夢」

二〇一三年六月に行われたフォーチュン・グローバル・フォーラムで、イギリスのブレア首相が一度ならず台頭する中国市場への肯定を表明した。「世界にとって、中国はチャンスに満ちている」首相は皆に、中国が世界最大の経済体となる日はどんどん近づいている、だから「大局を見すえ、中国と世界は今まさに協力するべきだ」と指摘した。アメリカのヘンリー・ポールソン前財務長官も、中国の長期的発展に非常に注目し、中国がすでに正しい方向に向かって前進していると考えていた。ゼネラル・エレクトリックの会長兼ＣＥＯのジェフ・イメルト氏も中国の経済について楽観的態度をとっており、中国が成長過程で全体としての競争力を維持し、産業の転換を完了すると信じている。最近刷新されたばかりの米中貿易全国委員会の会長で、デュポンの会長兼ＣＥＯのクルマン女史は、デュポンの多くの幹

注⑦『中国共産党大会全国代表会議における講話』（一九八五年九月二十三日）、『鄧小平文選』第三巻一四三ページ、人民出版社一九九三年版
注⑧『改革開放が中国を真に活気づけた』（一九八五年五月十二日）、『鄧小平文選』第三巻一三三ページ　人民出版社一九九三年版

部を引き連れ、さらに彼女の二人の子供までいっしょにフォーラムに参加した。これは彼らに中国をしっかり理解させたいとの考えによるものだ。クルマン女史は中国に来るのはすばらしいことだと考えている。毎回新しい変化が発見でき、変化があればそこにチャンスがあるからだ。二〇一三年六月二十九日、中国を訪問した韓国の朴槿恵大統領は、精華大学で講演し、「中国の長江の水は東に流れて海に入り、韓国の漢江の水は西に流れて海に入る、中韓両国の川の水は海の中で合流する。中国と韓国の夢はどちらも、調和のとれた社会であり、国民の幸福だ。これはちょうど両国の川の水が海の同じ場所で合流するのと同じで、『中国の夢』と『韓国の夢』は一つになり東北アジアの夢になる」と話した。

多くの外国人が中国で自分たちの夢を実現している。

スイス人のヨハン・ビョルクステンは、スイスから来た分子動力学の修士号取得者で、六カ国語を話し、オペラを学んだことがあり、自分の楽団を組織していた。にぎやかなのが大好きで、そのにぎやかさに惹かれて中国にやって来た。北京放送局でＤＪをしていたことがあり、その書道文化に通じ、外国人に対する中国語教育と中国書道の書籍を出版したこともある。時々テレビの料理番組などにゲスト出演し、どうすれば中国人の口に会う西洋料理が作れるかを人々に教えている。彼のＤＪは人気があり、彼の本はアメリカやスイスなどでよく売れている。参加するテレビ番組も一定の視聴率を取ることができ、「大龍」の愛称は中国では有名で、多くの中国人が彼の顔を知っている。一九九四年、大龍は易為公関公司を設立し、その会長になった。さらにスイス中国商会の設立に参加し、商会の副会長に就任した。

大龍は、二〇〇四年以降、中国企業による外国企業買収の事例が急速に増加しているのに気づいた。彼は、「中国の台頭は今世紀で最も重要な事柄です。私もこのプロセスに参加したいと思います」と述べた。二〇〇九年、中国本土の吉利公司グループがボルボを合併買収した際、大龍が吉利グループのために行った研修によって、合併買収のための堅実な基礎が作られ、吉利グループの李書福会長がこれを高く評価した。大龍は現在、「吉利グローバル企業文化研究センター主任」という新しい肩書を持ち、彼の夢は「中国企業の順調な世界進出を手助けする」ことである。

朴根太は韓国ＣＪグループ中国地区総裁で、中国で働いて二十九年になる。彼については、企業家仲間の間でよく知られている三つの話がある。一つは、彼の中国の知り合いの連絡先名簿は一万人を超えているというものだ。しかもそれには名刺交換しただけの人は含まれていないという。二つ目は、一つ目に関連するが、知り合いが多いので、どんなことでも難しくはないというのだ。彼の口癖が「私が手配しとくよ」で、このため、彼の別名は「手配の朴」という。三つめはどこで食事する時でも、必ず早めに着いているのだが、それは裏口から調理師たちに、ＣＪが生産している各種調味料を試供品として届けるためなのだ。ＣＪグループには食品、バイオテクノロジー、物流、エンターテイメントの主となる四大産業部門がある。中国に一万二千人の従業員を抱え、年商は二百億元に上る。私たちが最もよく目にするのが北京のあちこちにある「多楽之日パン」の店舗、ＣＧＶスタジオパーク、大喜大調味料と白玉豆腐だ。ＣＪの位置づけは、生活文化企業で、食以外にカルチャー・エンターテインメント業でも大変成功している。ここ数年、CJは中国で映画やドラマ制作にも投資している。たとえば、『ソフィーの復讐』『ウェディング・インビティション』などで、さらに中国との合作で英語版の『マンマ・ミーア!』を誘致し、その後中国語版の『マンマ・ミーア!』の制作に成功し、中国の観衆に歓迎された。朴総裁は「中国の商業道は韓国のビジネス界でとても有名」だといつも話すのだが、中国に来てからの彼の重要な目標は中国の商業道を学ぶことだった。そして彼の最終目標は、CJの中国での営業総額が、七年で韓国本部のそれを追い越すことで、これが彼の「中国の夢」なのだ。

ベンジャはアフリカのガボン共和国出身で、恵まれた家庭環境にありながら、自国で豊かな生活を享受し、家業を受け継いで優れた外交官になるという道を捨て、中国の少林寺に「駆け込み」、そこにいる出家者たちと粗食を共にした。言語の壁を乗り越えた後、ベンジャは北京体育大学に入り、正式に中国武術を学んだ。中国に来てまもなく三十年になる。数えきれない挫折と苦しみを味わったが、後には引けなかった。これらすべては彼の子供の頃からの夢に始まる。それは、神秘的な東方の国、中国に「飛」を学びに行く、というものだった。ベンジャの武功は広く認められるようになり、世界武術連合会の組織で有名になった。そして世界武術連合会の技術員になり、コーチと国際試合の審判を務めるようになった。これまでにフランス、スペイン、デンマーク、南アフリカなどの国に赴き、中国武術を教えた。中国で改革開放以降の最も変化の激しい時期を過ごし、カンフーの夢を実現してきた彼は、自分と中国がいっしょに成長したように感じている。ベンジャのさらに大きな夢は、世界中に中国武術を普及させることだ。彼は言う「武術は中国から始まり、世界のものになる」と。

アメリカ環境保護協会首席経済学者のダニエル・デュデック氏は、渡り鳥のように世界各地を飛び回り、全力で環境保護の理念を広めている。彼の心の中にはずっと一つの夢がある。それは、この星を人類の美しい故郷にするというものだ。彼はかつてブッシュ元大統領の環境顧問を務め、中国の李鵬元総理、温家宝元総理、そして多くの中国の環境保存総局の責任者たちが、彼の意見を重視していた。中国環境保護事業に対する優れた貢献により、二〇〇四年、彼は中国政府から外国人の友人への最高の褒賞である友誼賞を受賞し、受賞者代表としてスピーチをするよう推挙された。「当時、最初に感じたのは驚きでした。政府が私にこのような賞をくれるとは思ってもいませんでしたし、環境保護という以前は重視されなかった分野で誰かが賞をもらえるなんて思いもよらなかったからです。次に感じたのが責任の重さでした。なぜならこの賞は私個人に授けられたものではなく、私を代表とする何千何万という環境保護事業に従事する同僚、中国及び外国の専門家たちを含む同業者に授与されたものだと考えたからです」デュデック氏はこのように述べ、さらに「私が環境保護事業に携わってすでに三十年が経ちました。この賞はアメリカ以外の場所で私が受けた最高の栄誉で、その驚きと感激は言葉では言い表せません。これは私個人の栄誉ではなく、あることを表すニュースであり、象徴だと考えます。それは、中国がゆとりある社会建設の過程で、政府が環境保護事業をますます重視するようになり、環境保護事業に携わる人々を重視するようになってきたことを意味しています。発展のプロセスにおいて、人々の環境保護意識も大きく向上したのです」と話した。

イギリス人のドミニック・ジョンソン・ヒル氏は北京で最も古い胡同、南鑼鼓巷に小さな店を開いた。主にデザインTシャツを販売し、彼は自分の店を「プラスタードTシャツ8」と名付けた。現在、ジョンソン氏はこの店と共に国内外に知られ、多くの国際通信社が彼のことを報道し、多くのメディアやファッション雑誌に掲載された。いつも誰かが店の中や街中で彼を見つけ、彼と写真を撮ろうとしている。様々な個性的なデザインのTシャツに、店にやって来る中国人たちは喜んで思わず笑みを漏らす。あるデザインTシャツには三つのエナメルの缶が印刷され、上に「社会主義はすばらしい」といった標語が書かれている。またあるTシャツには八両（※一両は約五〇グラム）の食糧配給切符と「暴飲暴食反対、節約を心がけよう」という毛沢東のいわゆる「最高指示」が書かれている。またあるTシャツには「一・二元／キロ」という初期の頃のタクシーの値段表が描かれ、また別のTシャツには中国共産党結党五〇周年の記念マーク「一九二一―一九七一」が印刷されている、ジョンソン氏の目から見れば、これら二十世紀の七〇年代から九〇年代の図案、マーク、商標など中国人にとってはほとんど見慣れてしまった標示に、最も中国情緒が感じられるというのだ。なぜなら、それらには郷愁があり、それこそが北京の趣だからだ。二〇〇八年、汶川大地震発生後の数日間に、ジョンソン氏は妻や友人と衣服、下着、テント、哺乳瓶と粉ミルクなどを買った。これらの救援物資は宅配業者によって無料で被災地に送られた。ジョンソン氏は、「この時、私は初めて中国人がこれまでになく団結するのを目にしました。これはおそらく社会主義制度と関係しているのでしょうが、国全体がいっしょになって助け合っていました。これと比べると、資本主義は自己中心的です」と述べた。

幼い頃から東方の大国と古い文化に夢のような幻想を抱いていたドイツ人、ウルリヒ・カッシュは、今まさにその夢の一つ一つを実現している。だが、彼にはさらに大きな目標がある。それは、漢字で考えを表現するというものだ。「当時私は若くて血気盛んで、自分がすごい人間だと思っていました。そしてアメリカのミシシッピにある会社での勤務経験と業績がありました。初めて珠海に来て深圳のＩＴ企業を訪れたとき、仕事はまったく難しくないと感じました。私は計画を立て、準備して上から下まで徹底的に実行しました。その結果、私は失敗しました。その時、私は中国の工員たちはひどすぎる、仕事ができないと考え、社長に彼らを首にするように話し、新しい人材と交替させましたが、やはり結果は失敗に終わりました。この時、私は初めて、自分が間違っていたのではないかと気づきました」。その時ウルリヒ・カッシュはすぐに二つの選択肢に思いを及ばせた。「一つは中国を離れ、他の場所で職業を選択すること、もう一つはできるだけ早く中国に適応し中国を深く理解すること」彼は迷うことなく後者を選んだ。彼は中国語教師に来てもらい、毎日退勤後に中国語を勉強した。「私が初めて中国語を使って工員たちに「こんにちは」と言った時、彼らは興奮しているようでした。私が本気で中国を理解したがり、行動を起こしているのを目にし、彼らの私に対する態度は一変しました」それ以降、ウルリヒ・カッシュはさぼらず一生懸命に中国語を勉強した。彼はよく「もし私が英語しか話せなければ、私の仕事と生活はモノクロに終わっていたでしょう。しかし私は中国語をマスターし、私の中国生活は色とりどりに輝き始めました」「中国に来ても最終的に失敗して去って行く外国人たちがいます。彼らは中国が貧しい国だと考え、中国人は何もできないと考えているのかもしれません。彼らは勝手に思い込み、コミュニケーションをとろうという姿勢はなく、その実、中国を理解しないで、中国語を一言も話せない人さえいます。このような人たちは、遅かれ早かれ失敗するでしょう」すでに大変流暢な中国語が話せるようになったカッシュ氏は、今も中国語のブラッシュアップを続けている。彼は近い将来パソコンで中国語を入力し、漢字で考えを表現したい、と考えている。

二〇一三年七月六月、第十二回漢語橋世界大学生中国語コンテストが湖南省の長沙で開幕した。予選で選ばれた七十七の国の百二十三名の大学生が準決勝までのコンテストと決勝に参加した。中国語はこれらの学生にとって夢であり、彼らが「中国の夢」に到達するための架け橋でもある。「漢字おじさん」の名で知られるアメリカ人のリチャード・シアーズ氏は、特別ゲストとしてコンテストの開幕式に出席し、特に人々の注目を集めた。一九七二年、シアーズはホテルで一年間皿洗いをした給料で一枚の台湾行きの飛行機の片道切符を買った。そこから自分でも予想だにしていなかった漢字との数十年に渡る切っても切れない縁がそこから始まった。彼が台湾に行って学びたかったのは、彼にとって「外国から来た物語を持つ象形文字」である漢字だった。しかしながら、「五千種類の漢字とその六万通りの組み合わせ、そして一つ一つの漢字は多くの字画から成り、字画と字画の間には何の論理的関係もない」ことが、シアーズを苦しめた。そして、もし漢字の由来と変遷を知ることができたら、なぜそう書くかが理解でき、少しは習得しやすくなる、ということに気づいた。シリコンバレーのエンジニアである彼に、部首別漢字字典『説文解字』のデジタル化という考えが芽生えた。唐人街で一番安い部屋を借り、漢字字源のデジタル化の作業を開始した。丸々二十年の時間をかけ、彼は漢字字源ネットワークを構築し、ほぼすべての漢字の変遷の歴史を表した。二〇〇二年、シアーズは「チャイニーズ・エティモロジー（漢字字源）」のホームページをネット上に公開し、六五五二個の最も常用される現代中国語の文字の字源を分析した。九万六千個の古代中国語の字形、三万千八百七十六個の甲骨文字、二万四千二百二十三個の金文、秦と漢の時代の一万千百九戸の篆書、五百九十六の小篆体を収集して編集し、それぞれの文字に英語の解釈を付けた。ホームページは毎日一万五千の安定した閲覧数があり、中国語を学ぶ外国人だけでなく、中国人も興味を持ち、人々は親しみを込めて彼を「漢字おじさん」と呼ぶようになった。しかし「漢字おじさん」はこの時、落ちぶれて毎月の四十七元のインターネットサービス料も払えないありさまだった。そこで、彼は中国に来たが、六十二歳のシアーズにとって職探しは簡単ではなかった。なぜなら彼が英語教育の仕事には従事したがらなかったからだ。彼は中国語を話し、自分のホームページを作りたかったのだ。最終的に北京師範大学が「漢字おじさん」に漢字ネットワークの分析を依頼し、シアーズはビザの問題を解決できただけでなく、古代の漢字を研究している大学院生を見つけ、助手にすることができた。「漢字データベースを漢字インテリジェントデータベースにレベルアップする」のが「漢字おじさん」の「中国の夢」だ。彼は、「もしあと二十年生きられるなら、漢字の仕事を二十年続けるでしょう」と言う。

一九八四年、当時四十一歳だったイギリス人のポール・ホワイトは新華社通信の外国人専門家として北京にやって来た。それ以前、彼は香港スタンダード&トレードメデイアで五年間勤務していた。彼は香港で最初の記者代表団を組織し、一九八二年に中国国内に赴いて取材活動を行った。ポールは中国社会の千変万化を目にし、それらすべてに驚き、感嘆し、その中に浸り、この東方の沃土から離れられなくなってしまった。「私が来たばかりの頃、この土地は私にとって見知らぬ土地でした。当時四つの現代化建設が始まったばかりで、人々は皆貧しかったのです」ポールは八〇年代の北京を振り返った。それはまだ記憶に新しいようだった。外国の客人だったポールにとって、中国の変化は特に強烈に感じられた。「九〇年代にはじまった変化は特に大きく、変化に次ぐ変化で、すべてが変わりつつありました。中国は未曽有の巨大な変化を経験していて、小さな一つ一つの事すべてが感慨深いものでした」仕事の関係で、ポールは中国の多くの場所に行った。東北から海南まで、あらゆるところに彼の取材の足跡が残されている。どこへ行くにせよ、ポールは常に現地の風土と人々の心情を真剣に観察し、記録し、記事を書くための素材を収集した。ポールは一九八八年から、イギリスのロンドンの『モーニング・ポスト』にコラムを書き始めた。コラムの名前は「中国日記」だった。「中国日記」でポールはイギリスの読者と、彼の中国での経験と彼の中国観を共有し、より多くのイギリス人が彼らの知らない中国を理解するようになっていった。コラムの話になると、ポールの目は輝いた。「私は毎月四つのコラムを書き、内容は国際政治、社会経済、生活の中の楽しみ、時事、人物などに及びました。中国ではいつも取材したい新鮮な事柄が湧いてくるので書くことがないということは一度もありませんでした。平常心で、観察した社会の様々な様子を描写しました。私は、生半可な知識を持ち、先に偏見と誤解を持って中国を見に来た欧米メディアの記者たちとは違います。彼らが書いて映し出す中国は客観的な真実とかけ離れています。私は、中国のここ数年の大きな変化を見てきましたが、その九〇％はよい変化で、どれもが積極的な上昇傾向のものです。だから、私が書く中国も活力に溢れているのです」彼はこのように述べた。

第二章　個人の夢か、国家の夢か

「中国の夢」の実現には、中国パワーを結集する必要がある。無駄な論争は国を誤らせ、実質的行動こそが国を興す。我々は13億人の中国人の知恵とパワーを用いる必要がある。一代また一代と続く中国人のたゆまぬ努力が、我々の国を作り、我々民族を発展させてきたのだ。

——習近平

「中国の夢」は強国の夢であり、人民を豊かにする夢だ。「中国の夢」は国家の夢であり、個人の夢なのだ。

「中国の夢」と「アメリカン・ドリーム」は相通ずるか

「中国の夢」が発表されてから、メディアはこぞって「アメリカン・ドリーム」と比較した。二〇一三年二月五日、日本の雑誌『ザ・ディプロマット』のホームページに、「『アメリカン・ドリーム』が強調しているのは個人が財を成し成功することだが、『中国の夢』は一種の集団的誓約であり、中国の民衆に民族の大義のために個人を犠牲にすることを要求するものだ」という記事が出た。「中国の夢」と「アメリカン・ドリーム」はどちらも二つの国のそれぞれの夢だが、表現方法が大きく異なる。

習近平主席はオバマ大統領に対し、「中国の夢」は「アメリカン・ドリーム」を含む世界各国人民の美しい夢と相通ずるものだ、と話した。

二〇一三年六月、八十回以上中国を訪問しているキッシンジャー博士が、再び北京にやって来た。「中国の夢」と「アメリカン・ドリーム」に話が及んだ時、博士はこの二つの夢は、道は異なっても行き着く先は同じだと見ていた。「『アメリカン・ドリーム』はアメリカ人の個人の生存環境を改善したいというあくなき追求から発しており、彼らは未来は永遠によくなり続けると考える。しかしながら、中国人はこの百五十年から二百年の間に大きな苦難を経験したため、前途に目を向けるよう『中国の夢』を提言することは大変重要なことだ。出発点は異なるが、二つの夢の最終的な姿は一致し、求めるところは似通っている。一方はさらに平和で繁栄した助け合う世界というものを付け加えている」博士はこのように述べた。（注①）

趙啓正は、「アメリカン・ドリーム」は個人から国家へ、「中国の夢」は国家から個人へと向かう、と話す。原因の一つは、両国の歴史が異なる点だ。近代の中国は、国が蹂躙され、人民は苦しみの中にあった。国が成功しなければ、個人の成功はない。これは歴然とした事実だ。そして、アメリカは基本的に歴史上蹂躙されたことがない。二つ目の原因は、思考方式の違いだ。たとえば手紙を書く時、中国人は住所を、国、省や市、区や県、通り、人名の順に書くが、アメリカはちょうどその反対だ。どちらの順番がいいかはわからない。それぞれの国に異なる夢がありそれは異なる歴史的背景や文化的選択に寄るものだが、良い夢の求めるところは、いずれも国家の富強であり、人民の富裕だ。（注②）

中国人学者の辛鳴は、「アメリカン・ドリーム」は個人の奮闘努力という基礎の上に作られる、と考

注①『キッシンジャー再び中国を語る』、『中国経済週刊』二〇一三年第二十七号
注②『〝中国の夢〟は私利私欲の夢ではない』、『解放日報』二〇一三年六月二十七日

える。かつて「アメリカン・ドリーム」を詳述した作家が語ったように、「アメリカン・ドリーム」の最大の特徴は、何人であろうとアメリカというエネルギッシュな土地に来た者は、努力によって自分の夢を実現できる点だ。夢は現実的な物質的基礎の上に作られ、歴史的文化的基礎の上に作られる。マルクス思想の言葉を借りれば、社会の発展は社会の現実的環境から切り離すことはできない。「中国の夢」の最も直感的表現は、国家の夢、民族の夢だ。（注③）

「アメリカン・ドリーム」の核心は、個人の価値の実現で、すなわち個人が奮闘努力してアメリカの提唱する自由、民主主義の核心的価値観を実現することだ。パウエル、オバマらは「アメリカン・ドリーム」を実現したお手本だと言えるだろう。個人主義は「アメリカン・ドリーム」の思想の基礎であり魂だ。そして、集団主義は「中国の夢」の思想の基礎であり魂だ。「中国の夢」の核心は、集団または全体の価値の実現で、集団を通して、すなわち中華の子孫全員が共に努力することによって中華民族共通の理想を実現する点だ。個人の夢は共通の理想の具体表現でありその組成部分なのだ。「中国の夢」の集団主義には深淵な文化的背景、歴史的蓄積、現実的根拠が内包されている。

歴史を振り返ると、もし強大な国がなく、強大な民族がなければ、たとえ自分たちの国土の上であろうと、中国人はおそらく二等国民になっていただろう。

中国人が永遠に忘れられない恥辱は、上海のイギリス租界の公園の入り口に「犬と中国人は入るべからず」という看板がかけられていたことだ。その後多くの人がこの史実を否定しようとしたが、当時中国人は自分の国でも自由に行動することができなかったのだ。これは誰も抹殺することのできない事実だ。この背景には、国家の衰亡、民族の衰退があった。このことから中国人は、夢は祖国の強大化、民族の繁栄と密接に関連しており、それがあってこそ個人の夢に堅実な基礎が作られ、個人の夢が真に実現可能になるということを心に深く刻んだのだ。

文化的背景から見れば、中華文化にはきわめて豊かな夢を追う精神が含まれている。この精神は中華民族の精神の重要部分で、中華民族の止むことのない、剛健で有為で強大な精神の原動力となっている。「誇父太陽を追う」「嫦娥月に奔《はし》る」（訳注①）などの古代の神話や伝説から、「神舟」シリーズの宇宙船発射成功、「神舟十号」と「天宮一号」の有人ドッキングまで。大禹治水（訳注②）から、長江、黄河などの大河にすでに建設されているダムや、現在建設中の高峡平湖まで。数千年に渡り、中華民族の心の奥にある夢が、発展へと向う精神の大きな原動力となり、中華民族が世界に誇る輝かしい歴史と文明を成就させてきた。「中国の夢」は夢を追う民族精神が現代に具体化したもので、きわめて貴重な精神の資源なのだ。「中国の夢」の提言により、人々の内奥に存在する夢追い精神がさらに刺激され、中国の

注③　辛鳴『〝中国の夢〟は一人一人の中国人の夢の礎だ』

訳注①　どちらも中国の神話。「誇父追日」は、古代、誇父という巨人が太陽をつかまえようと追いかけたが、途中で死んでしまったという話。「嫦娥奔月」は弓の名人後羿の妻だった嫦娥が不老不死の薬を盗んで飲み、月に昇ったという話。中秋節の由来とされている。

訳注②　古代夏王朝の王だった禹が、苦難の末に黄河の治水に成功した話。禹は今も治水の神とされている。

特色ある社会主義事業に大きな原動力が付与され、中華民族の朽ちることのない夢追い精神に、新しい時代の輝きがもたらされる。

歴史的蓄積から見て、「中国の夢」は漢の時代の栄華や唐の時代の偉業の再現ではなく、清の康熙、乾隆帝の時代の繁栄の再現でもなく、それは中華民族の伝統から現代へのモデルチェンジの完成であり。モデルチェンジの本質は現代性のたゆみない蓄積と成長である。中国現代化の実践から見て、現代性とは主に、時代の発展に適応する科学的思想観念の確立、整備された高効率の社会運行管理メカニズムの確立、人としての全面的発展と社会全体の進歩推進を目標とした核心的価値体系の形成、などを含んでいる。貧困と立ち遅れから抜け出すことが現代化モデルチェンジの出発点であり、人民共通の富裕と国家の繁栄及び富強が、現代化モデルチェンジの主要目標だ。政権与党の中国の特色ある社会主義建設の規律に対する認識が深まるにつれて、現代化建設の構図も拡大発展し、現代化建設の内容がより充実してきた。当初の富強の追求から民主、文明、調和、そして自由、平等、公正、法治等の重要な内容へと発展し、物質文明の追求から政治文明、精神文明、社会文明、生態文明の追求へと発展している。一部の分野における発展や開拓から全面的、協調的、持続可能な発展へと拡大している。これらのことから、中国の現代化モデルチェンジと西欧の現代化の道及びその形とは根本的に異なることがわかる。「中国の夢」は、封建時代の帝国の古い夢の再現ではなく、西洋文化に憧れながらそれを生かせないでいる他国の夢とも違い、中華民族の伝統から現代へのモデルチェンジに基づく現代の夢なのだ。

現実的根拠としては、「中国の夢」は中国共産党が主導する中国の特色ある社会主義建設成功の実践に基づいている。九十年余りの刻苦奮闘の実践が、中国共産党が中国人民を率いて中華民族の偉大な復興の栄光と夢を成就することができることを証明している。三十数年間の改革開放と社会主義現代化建設が、中国の一人当たりGDPを、一九七八年の二百五十ドル未満から二〇一二年には六千百ドルにまで引き上げ、総体経済は世界第二位にまで上昇した。中華民族は、自分たちの発展の道に充分な自信を持ち、中華民族の偉大な復興に確信と期待があふれ、世界の評価と称賛を得た。中国社会の発展の中で、中国人民は、中国の特色ある社会主義こそが現代中国の発展と進歩の根本的方向性だということを、充分に認識した。中国の特色ある社会主義の道、その理論体系、制度に対する自信はより強固なものとなった。「中国の夢」実現のための根本的パワーはここにある。

「中国の夢」が解決しなければならない問題は何なのか。中国では中華民族の偉大な復興、国の富強の実現だけでなく、より重要なのが人民の幸福の実現である。「中国の夢」は人民のための夢であり、同時に人民が自分で実現すべきものでもある。個人の夢は、結局のところ従属する時代環境と切り離すことはできない。壮大な民族の夢、国家の夢から、具体的で小さな個人の憧れまで、多様な大きな情勢、小さな感情が交錯しても、「人は高みを目指す」の法則は不変だ。努力は事業成功の土台であり、努力があってこそ夢の門から足を踏み入れることができ、机上の空論のみで着実な行動がなければ、どんな美しい夢も実現できはしない。一人一人の中国人がみな「中国の夢チーム」の一員であり、皆が「中国の夢」の参加者であり、作者なのだ。全員が心を一つにし、力を一つにすれば、「中国の夢」実現の大きなパワーが結集できる。

「中国の夢」が過去と現在、歴史と未来をつなぎ、国家と個人、大きな家と小さな家庭をつなぐ。では、人々が「中国の夢」に感情を高ぶらせている時、いったいどのような心理的プロセスがあるのだろうか。

「中国の夢」は中国の心から生まれるもので、それは国家富強の夢である。祖国が強大になるのを希望しない、祖国の枝葉の茂る大樹の下で庇護されることを望まない中国人はいないだろう。「中国の夢」は民族感情に端を発するもので、それは民族振興の夢だ。血脈を受け継ぐ中華の子孫で、中華民族が世界の多くの民族の中で堂々と胸を張り、大きな発言力を持つことを望まない者はいないはずだ。長く国外にいる華僑や華人たちは、中国の発展、国際的地位の高まりを最も肌で感じている。今日、彼らは背筋をピンと伸ばし、自分が中国人であることを誇りに思っている。頻繁に出国する中国人たちにも大きな感触がある。十数年前、国外で中国人はいつも日本人やシンガポール人、韓国人と間違われたが、今日、欧米や日本などの先進地域の商店では、販売員の大部分が中国語でサービスを行っている。

「中国の夢」はすべての中国人の夢である。国の状況がよく、民族の状態がよくなければ個人の幸福はない。一九三二年、東北地方の短距離の名選手だった劉長春は、日本の傀儡政権だった偽満州国の代表としてオリンピックに参加することを拒否し、日本の関東軍に捕まり殺されるかもしれないという危険を冒して北京に逃げた。そこで張学良将軍の八千銀貨の援助を受けて、中国を代表してロサンゼルスオリンピックに参加することができ、初めてオリンピック競技場に中国人の姿が登場した。七十六年後の二〇〇八年、北京オリンピック競技場で、中国選手は五十一の金メダル、二十一の銀メダル、二十八の銅メダルを獲得し、メダル総数が百を超えるすばらしい成績を残した。中国の優秀なスポーツ選手は、毎回国旗を上げ、毎回国歌を自分のために響かせた。「たった一人のオリンピック」から全国民が応援し参加する北京オリンピックへと変わったのだ。これはなんと意味の深い飛躍だろう。一オリンピック選手の姿から、国家の命運と個人の命運の関係が充分理解できる。

特にこの三十年の間に、中国人は自分の夢を実現する偉大な時代に突入した。夢が実現した実例の一つ一つが何千何万という若者たちを鼓舞し、皆が夢を抱いて自分の人生を計画している。今日の中国では、一億人にも上る農村の青年たちが都会にやって来て、自分の「都会の夢」を実現しようと奮闘している。百万人もの中国人が、自分の「グローバルな夢」「世界の夢」を実現するため、いくつもの海を越えて外国に行き、投資し、起業している。起業により富を得た多くの企業家たちがスピーチの中で、「いい時期に間に合った」と述べている。成功して有名になった多くの風雲児たちが「この時代に感謝する」と言う。汶川大地震の被災者たちは想像もできなかっただろうが、たった三年間で、被災地の廃墟の上に時代が二十年進んだかのような美しく新しい故郷が作られた。多くの海外の華僑・華人が祖国の強大さに自信を持ち、祖国の同胞が自然災害に遭った時、経済援助をし、助力を惜しまなかったのだ。

当然のことながら、日々の生活において思うようにいかないことはまだまだたくさんある。一般家庭の「自家用車の夢」はたちまち交通渋滞という大きな難題へと変わった。青年の「大学の夢」は大学卒業生の就職難をもたらした。合理的な出産抑制と人口の高齢化の矛盾、都市と農村の発展と「病院不足」「医療費高」の矛盾など、問題は多い。だが、中国の発展と進歩が一人一人の中国人にもたらしたのは、つまるところ新しい希望であり、新しい夢だった。習近平主席の言うように、「偉大な祖国と偉大な時代に生きる中国人民は、人生を輝かせるチャンスを、夢を実現させるチャンスを享受し、祖国と時代と共に成長し進歩できるチャンスを享受している。夢があり、チャンスがあり、努力があれば、あらゆるすばらしいものを生み出すことができる」のだ。

人民は歴史の創造者であり、大衆こそ真の英雄だ。中国の各民族の大団結は「中国の夢」実現のパワーの源だ。中国の各民族人民がしっかりと団結し、全国民が心を一つにし、共通の理想実現のために努力すれば、夢を叶えるパワーは限りなく大きくなる。

人々を導くもの

新中国成立後まもなく、毛沢東ら初代の中国の指導者たちは、中国共産党と中国の各民族を率い、人民を主とする社会主義の繁栄した近代化国家を建設しようと奮闘していた。

まず中国的特色を備え、中国の国情に合った社会主義の根本的制度、すなわち労働階級をリーダーとし、労農連盟を基礎とし、最も広範囲の人民民主統一戦線を要とする国家の体制を作った。この国家体制の建設により、少数の敵対勢力に対し専制政治を行うことが可能になると同時に、人民の内部に最も広範囲の民主主義が実行された。この基礎の上に、徐々に、人民代表大会という基本的政治制度、中国共産党指導による多党合作、政治の協議制度、民族地域の自治制度、公有制を主体とする社会主義経済制度を確立していった。

次に、独立した、比較的整備された工業体系と国民経済体系を確立した、ゼロからスタートし、苦難の道のりを乗り越え、長年のたゆまぬ努力によって、まったく基礎もないところに、比較的整備された工業体系と国民経済体系を築き上げた。「二つの爆弾と一つの星」（原子爆弾、弾道ミサイル、人工衛星）をスローガンに、国防とハイテク分野において大きな進展を図り、農業の近代化、工業の近代化、国防の近代化、科学技術の近代化を全面的に推進した。

中国共産党の指導の下、多くの国が百年以上かかる道を、新中国建設後の数十年で走り切った。近代以降、中国の歴史においてほとんどなかった平和な状況が訪れ、今、中国の人民は自信に満ちて「中国の夢」という目標に向かって前進している。

しかしながら、探求の道は決して平坦ではない。経済的に立ち遅れた東方の大国が徹底した民主革命を実行し勝利を得たのは明らかに容易なことではないが、中国のような貧しい大国において社会主義の現代化建設を進めることは、それ以上に前例のない偉業だった。偉大な夢が、順風満帆に、何の代価も払うことなく実現するというのは想像しにくいものだが、「大躍進」と「文化大革命」の発生は、痛みを伴う教訓となった。

これまで何度も過ちを犯してきたが、その度、過ちの中から警告を得、人民と歴史に大きな責任を負うという態度で徹底的に過ちを糾弾してきたのは、他者ではなく、中国共産党自身だった。一九七八年、中国共産党の第十一回三中全会以降、鄧小平は一面では毛沢東思想を堅持し発展させながらも、「実事求是」の態度で（訳注③）、毛沢東晩年の過ちを糾弾し、同時に事実に基づき毛沢東の歴史的地位と偉大な功績を充分に肯定した。また他方で、新しい問題に対応し解決しようと、改革開放と中国の特色ある社会主義事業を開始した。改革開放は中国の姿を大きく変え、中国の大地に前代未聞の深遠な革命が再び起きた。社会の生産力を大きく開放し、急速に発展し、世の人々の度肝を抜く中国の奇跡をもたらした。億万の中国人が共にこの非凡な奮闘を経験した。

私の「中国の夢」

「中国の夢」は一つ一つの夢で構成されている。「中国の夢チーム」は一人一人の一般庶民によって構成されている。

私は李書国と申します。北京市大興区楡垡鎮劉家鋪村党支部の書記で、この土地で生まれ育った農民です。私の村は果樹を専業とする村で、村全体の土地は千三百ムー（約八十六・七ヘクタール）余りですが、その土地に植えられているのはすべて果樹です。品種が古いため、村で生産される果物は一斤（約五百グラム）あたり二、三毛（四〜五円）で、村民は一年間懸命に働いても、一ムー（約六・六七アール）あたりの収入が千元あれば腕がいいと言われるぐらいでした。二〇〇一年、農民を貧困から救うため、政府が出資し、私たちの村の鴨梨、広梨などの果樹にすべて接ぎ木をし、生産高が多く価値のある豊水や黄金梨にかえました。皆が少しでも早く豊かになれるよう支援するため、我々は党支部を主体として劉家鋪村果樹協会を組織し、私は皆からこの村の支部書記兼任で会長になるように推薦されました。こうして党支部は二重の身分を持つことになりました。一つは党の農村における基礎組織で、もう一つは村民を豊かにするための果樹協会です。私は会長としてルールを作りました。庶民のお金を一銭も奪うようなことはしないと。夢は人それぞれですが、一人の農民として、私の夢は都会の人達の生活に追いつくことでした。また村支部の書記として、私にはもう一つ夢がありました。それは、私の身近にいる共産党員を率い村民のために真剣に働き、多くの仕事をし、実際に役に立つ仕事をする、村民に共産党はすばらしい、と言ってもらえるようなことをする、というものでした。今日、我々の村は国内で名の知られた豊かな村になりました。村民たちは自家用車を買い、家を買い、さらには太陽光パネルとエアコンを付け、農家の庭にあるトイレは、都会の人も皆「まあ、ホテルよりきれい」と素直にほめてくれます。聞いて

訳注③　事実に即して物事の真相を追求すること。元は清朝の学風を指す語。鄧小平による改革開放政策を象徴する言葉として使われた。

ください。私たちはかつて老後のために子供を育てていましたが、今では養老保険があります。皆かつては小さな病気も大きな病気も我慢して耐えていましたが、今では「新型農村合作医療」(訳注④)があります。私は、これは共産党の富民恵民政策が我々農民を助け、「都会の人たちのような生活をしたい」という夢を叶えてくれたのだと心から思っています。

私は毛衆と申します。二か月後には満六十四歳になります。私は北京市西城区天橋街道天橋小区の文化ボランティアです。人はいつも、人生は夢がなければつまらない、と言います。「もう年なのに、今さら夢だって?」と言う人がいるかもしれません。私は生粋の天橋人で、両親も昔の天橋の芸人です。天橋については、きっと皆さんもご存知だと思いますが、北京四十九城と呼ばれる広い街の中で、知らない人はいません。「酒屋ののぼりと芝居の太鼓の音が聞こえる天橋市、旅人たちは時を忘れる」と言われていましたが、これはかつての天橋の栄えたにぎやかな様子を伝えています。私たちは「天橋地区曲芸隊」を結成しました。これは純粋に趣味の草の根で、庶民が庶民を演じ、庶民が見るものです。そういったプログラムを手に、私たちは住宅街や兵営、老人ホームなどに行き、公演は好評を博しました。拍手が起こり、会場全体が笑いで包まれたとき、私は泣きました。悲しかったのでも感傷的になったのでもありません。それは感動でした。人々が伝統芸術を愛してくれているのを目にした感動であり、民族文化の伝承の輝きを目にした感動でした。一人の文化ボランティアとして、私の心の中はとてもとても幸福でした。その日、私は『北京日報』である記事を読みました。天橋演芸パークプロジェクトの建設が正式に始動し、そこに三十四のタイプの異なる演芸場が建設され、伝統文化と現代芸術の結合による演芸効果が実現するというのです。新聞を手に持ちながら、私の目は涙で濡れていました。なぜなら、天橋で生まれ天橋で育った私にとって、天橋の夢こそが私の「中国の夢」だからです。

私は李東暁と申します。北京鉄道局北京機関区に勤めています。高速鉄道で運転手を勤めて今年でもう五年目になります。時速三百キロの列車「飛翔」を運転する時、私はいつも自分に言い聞かせます。「おまえは高鉄時代の幸運児だ、おまえの夢は実現した」と。私は天津南開区に生まれましたが、小さい頃、家のそばが駅でした。毎日の登下校の際、いつも疾走し通り過ぎて行く列車が見えました。私の心の中で、鉄道運転手は強く頼もしく、そして神秘的でした。当時私は、いつか私も列車を運転したい、と夢見ていました。一九九四年、私の夢は叶い、列車の運転手になり、ディーゼル機関車を運転し始めました。当時、百年余り走り続けた蒸気機関車が「引退」し、新しく軽油燃料を使うディーゼル機関車に変わったばかりでした。わたしの師匠は生涯、蒸気機関車を運転していましたが、運転室には人が三人必要で、正運転手が運転を担当する以外に副運転手とボイラー係が休みなく石炭と水を加え、一分間に少

訳注④　二〇〇三年に試行が開始された農村戸籍者を対象とする公的医療保険。政府は二〇二〇年までの全国実施を目標にしている。

なくともスコップ四十杯以上の石炭をすくい入れなければならず、一回走るごとに、体も手も、全身に石炭の粉をかぶっていました。私が運転するのは新型のディーゼル機関車でしたが、当時列車の速度は最高で百キロ程度で、北京で乗車して上海に到着するまで最長で二十八時間かかり、車上の生活設備も整っていませんでした。当時、私と仲間たちはいつも海外の高速鉄道が羨ましくてたまりませんでしたが、それは遠い夢だと思っていました。思いもよらず、ほんの数年の間にこの夢が現実に変わりました。二〇〇七年六月、全機関区の三千名の運転手の中から選抜競争によって選ばれ、私は光栄にも中国初の高速鉄道の運転手になることができました。二〇〇八年三月、時速三百キロの高速鉄道が私の生活に疾走してきました。私は、高速鉄道が速いだけでなくそれ以上に安全だということを知っていました。私が運転するのは「和諧号」の機関部で、速度は毎秒約百メートル、風のように速く、少しの誤差も許されませんでした。それほどの速度の列車をうまく運転するには、どうしても科学的操縦法をマスターしなければなりません。私は徒歩で北京・天津間の高速沿線の駅と線路の周辺を調べ、一つ一つの分岐点や標示を注意深く書きとめ、時には一日で一冊のノートがいっぱいになることもありました。北京南駅の東側に風の吹きこむ場所があり、強風の時には列車は徐行運転します。専門家の方たちに提案したいのですが、ここに防風壁を立てれば問題はすぐに解決すると思います。私は三十分の京津城際高速鉄道の全運行時間を細かく千八百秒に分け、秒単位の正確な動力車操縦模式図を作りました。さらに同僚たちと共に百か条に上る動力ユニット操縦方法合理化の意見を出し合い、少しずつ「一八〇〇秒高速列車操縦方法」を完成させました。この方法は「東暁高鉄安全運転作業法」と名付けられ、国の特許を取りました。今では高速鉄道は高速、安全、便利、快適の代名詞となっています。一度、ある七十歳過ぎの乗客がわざわざ列車の中で私をさがしてやって来たことがあります。彼もかつては列車の操縦士でした。彼は私の肩をたたき、「私はずっと列車を運転してきたが、こんな先進的なものには出会ったことがない。きみはいい時代に仕事できてよかったなあ」と言いました。そうなのです、鉄道事業の発展はすなわち祖国の繁栄であり、それにより私の夢は実現し、高速鉄道の操縦士になることができたのです。

「私の夢はイノベーション能力を高め続け、遼寧装備製造業を国際競争の中でエースにすることです」

十六年間、この夢が瀋陽送風機グループ・タービン設計院の高級エンジニアである姜妍の際限なきパワーをかき立ててきた。エンジニアとして、姜はずっと一つの信念を持ち続けてきた。国家建設事業に貢献するため、イノベーションとクリエティブ・ワークに基づき、知識によって国に報い、科学技術によって国を強化する、というものだった。中国初のエチレン圧縮機の設計を主導した際、姜妍は数万に上る材料の中から、マイナス百一℃に耐えうる材料を選び出さなければならなかった。その時、彼女は数千ページの材料冊子を手に、一つ一つ調べ、性能試験を繰り返し、最終的に主軸となる材料を確定した。国内初の百万トンのエチレン圧縮機の設計を主導した時、姜妍は相次いで十四の世界的難題を克服し、製品の最終見積価格は、アメリカの基準価格、ドイツのシーメンス、日本の三菱などの三分の一になった。中国石油化工集団のあるエンジニアは感慨深げに「瀋陽送風機グループがあるからこそ、我々は外国企業とわたりあえる。彼らがいなければ、我々は外国企業の為すがままだった」と話した。重大な科学的突破をはかることができても、姜妍は決して満足せず、鉄は熱いうちに打てとばかりに、百万トンのエチレン圧縮機の設計経験をブチルゴム装置、大型LNG装置などの超低温圧縮機に応用した。姜妍のイノベーションは大量の製品の輸入を止めただけでなく、海外メーカーがこぞって値引きする結果につながり、国の資金を累計で二十億円余り節約した。このイノベーションによって、瀋陽送風機グループも中国が参加する装備製造業国際市場のエースとなり、海外企業の技術独占を打破し、「国の重鎮企業」の名誉を獲得した。誰もがこの栄誉の上には姜妍の名が刻まれていると言う。姜妍は、「私個人の夢と『中国の夢』がしっかりと一つにつながり、故郷と企業発展のために貢献できたからこそ、私自身の人生が輝きを増し、夢がかなったのです」と話した。現在、姜妍と彼女のグループは再び新しい世界技術の最高峰に照準を合わせているが、いずれまたその高みに立ち、「中国の夢」にパワーを送ることだろう。

夢が実現するまで

ヌアビエ・クリム、ウイグル人、北京外国語大学三回生。ヌアビエは北京から見れば決して発達しているとは言えない新疆コルラ市の生まれで、小さな頃から外の世界を見たいと夢見ていた。両親は彼女に、一生懸命勉強して大学に入ればその夢は叶う、と話した。十五歳の時、チャンスが訪れ、ヌアビエは新疆内地進学クラスに合格した。二〇〇〇年に国が実施した「西部大開発」戦略以降、毎年数千名の新疆の辺境地域の少数民族の子供がテストによって選ばれ、北京などの経済的に発達した地域の最も良い学校に行き、高等課程を修了していた。国は毎年新疆クラスの学生の衣食住、交通費、学費のために数万元を支払っていた。ヌアビエはずっとあこがれていた北京に着き、昌平二中新疆クラスで新しい生活をスタートした。ここで彼女は知識を学んだだけでなく、学校と先生の思いやりに触れ、祖国という大家族の温かさに触れた。新疆クラスにはウイグル、カザフ、キルギスなどのいくつかの民族の学生がおり、学習の基礎もバラバラで、来たばかりの頃は多くの者がABCも書けなかった。英語の趙先生はこういった子供たちのために一対一の補習授業を行い、一年後、新疆クラスの学生は全学年の英語テストでトップになった。ヌアビエは先生の指導の下、北京青少年科学技術革新コンテストに参加し、三位になった。この数年間に彼女のように新疆クラスで学んだ少数民族の子供は四万人余りで、九割以上が大学に合格し、八割以上が重点大学に合格した。ヌアビエも北京外国語大学に合格した。「私は来年大学を卒業しますが、新疆クラスの他のクラスメートたちと同じように、故郷に帰る準備をしています。年老いた故郷の人々を助け、彼らの夢を実現したいのです。新疆で最も必要なのは人材です。帰ったら、私は中国語の研修クラスを作りたいと思います。昔、チャンスがなくて中国語を勉強することのできなかった故郷の人々が流暢な中国語を話せるようになり、仕事や生活がもっと便利になってほしいと思います。私は自分の夢にどんどん近づいているような気がします」ヌエビアはこう話した。

北京門頭溝区城子町内興民地区に住む高樹義は他の土地から来た労働者で、廃品回収の仕事をしている。一九九三年、彼は故郷の山東省魚台県から北京に出稼ぎに来た。農業以外したことのなかった彼は、人や車のひしめく大通りで、行く当てもなくやりきれない気持ちで立ち尽くした時のことを今も覚えている。当時彼は「いつになったらこの知らない大都会に溶け込むことができるのか、いつになったら家を持てるのか」と考えていた。二十年の時がまたたく間に過ぎ、当時の夢は現実になった。現在の高樹義は、自分がよそ者だとは感じていない。地域の中で自分の居場所を見つけ、家庭のぬくもりを見つけたのだ。北京に来たばかりの頃、彼の考えは単純で、働いてお金を稼ぎたい、家族の生活を良くしたいというだけだった。しかし、北京に来て、高樹義はすべてがそんなに簡単ではないことを知った。学歴がなく、技術もなく、周囲の状況もまったくわからない彼は、仕事を見つけることができなかった。運搬や下働き、水路の掘削、少しでもお金が稼げれば、いや食事にありつけさえするなら何でもよかった。ある年の大晦日、高樹義は故郷に帰る交通費もなかった。仮の住まいにしていた興民地区の幹部が彼が困っているのを見て、良いお正月が過ごせるようにと百元のお金と一本のピーナッツオイルをくれた。たいへん驚き感動した高樹義はまともに話すこともできず、ただ「ありがとうございます、ありがとうございます」と言うばかりだった。地区の幹部はさらに、彼に地域の廃品回収と掃除の仕事を手配してくれた。北京に来て数年、最初はよそ者だった自分がこの土地の一員になることができたのだ。高樹義は、「私の考えはお金を儲けて家族を養いたい、というような単純なものではありません。ここで人生の価値を実現したいと夢見ています。私の息子と娘はどちらも大学に進学し、娘は卒業後に南方へ仕事に行きました。娘は私にもそっちに来てほしいと言います。家族で面倒をみたいと。でも、私は二十年暮らした北京を離れられません。今日、誰もが『中国の夢』を実現しようと苦労して頑張っています。私も『中国の夢チーム』の一員になりたいのです。私も北京の人たちといっしょに夢を叶えるチャンスを分かち合い、奮闘努力して美しい北京の明日を迎えたいのです」と話した。

「私は身をもって証明できます。出稼ぎ農民も夢を持つことができるし、それを叶えることもできます」。新世代の出稼ぎ農民で、中国エネルギー建設集団山西省電力建設二公司の溶接工、三十歳の賈向東は、苦学と研鑽によって「全中国最高溶接工」の夢を実現した。十一年の間に彼が完成させた溶接は五万を超え、それらが一回で検査に合格する確率は九十九％を超え、優良の判定率も九十九％を超えている。

今年五十九歳の賈立群は、北京児童医院超音波科の主任である。児童医院では、多くの保護者が子供を連れてBモード超音波検査を受けに来る時、「賈立群のBモード超音波」と名前を指定する。時には指定しておきながら終わった後で心配して、「先生、今のは『賈立群B超音波』ですね？」と再度確認する保護者もいる。「この機械に私をつけ加えれば『賈立群B超音波』になるんです」と答えると、保護者たちはやっと「賈立群」がBモード超音波機械のメーカー名ではなく、医師の名前だと理解する。

児童医院で勤続三十五年になる賈立群氏は、次のように話した。「Bモード超音波センサーを使い始めたその日から、私は、一人の子供の症状も見落とさず誤診をしない、という夢を持つようになりました。三十五年間、私は二千人余りの子供の命を救い、七万余りの難病例を確定診断しました。ある病例は世界でも非常に珍しいものでした。私は長年診断してきたので比較的正確に診断できますが、毎回難病が疑われる事例に当たった時、医者たちは皆Bモード超音波のメモに『賈立群B超音波』をするよう注意書きをします。あちこち伝わっていくうちに『賈立群B超音波』という言い方が生まれたのです。私も医師の皆さんに約束します。出張中でない限り、私は二十四時間いつでも呼ばれたら駆けつけます。一番多い時で一晩に十九回呼ばれたことがあります。一人の医者として私の夢は複雑なものではありません。医術に優れる、病人に信頼される、人々に満足してもらう、これが私の最大の夢であり、追い求めるものです。一人一人の病児を診察するため、私たちはここから元気に喜んで出かけて行く、これが私の最大の幸福です。『中国の夢』の実現は我々中国人共通の夢です。私達みんながそれぞれのポストで着実に仕事をすることで国を興すんだという夢を『中国の夢』に融合すれば、『中国の夢』は実現します。この夢の実現のためなら、何でもすべきだと思います。今以上に踏ん張り、力を注ぐだけの価値があります」

著名な陶芸家の朱楽耕氏は、専門的な視点から、彼の「中国の夢」とはもう一度中国人の美しい記憶を拾い上げることだと言う。もう一度私たちの美しい器を探し、私たちの優雅を、私たちの高尚な芸術的品位を探し求め、私たちの社会を物質的に豊かにするだけでなく精神的素養を豊かにする、この国を経済的に強大にするだけでなく、礼儀の国にし、文化大国にする、これが彼の「中国の夢」なのだ。彼は、百年余りの間に西洋の工業文明の挑戦を受け、中国文化は一気にその地位を失い、西欧列強の砲火によって、中華民族は大きく自信を喪失したと指摘する。私たちにできるたった一つのことは、西欧に学び、努力して自分たちの国を建設し、努力して中華民族の文化的復興、経済的復興を探し求めることだ。百年近い努力を経て、特に中国の改革開放以降、中国経済は世界の先頭を走り始め、「中国の夢」にも徐々に希望の兆しが表れ始めた。これが中国人の「中国の夢」で、彼が理解するところの「中国の夢」でもある。

北京市房山区人民裁判所の裁判官、歴莉は、「公平と正義はすべての法律関係者の信念であり、夢の追求の途上では、厚みのある法律分野の基礎知識が必要なだけでなく、それ以上に必要なのが、裁判官のゆるぎない態度と真実への固執、果敢さと責任感です」と話す。十年前まで歴莉は会社員で、かなりの収入があり、おしゃれな生活を送っていが、裁判官という神聖で厳粛な職業に憧れ「頭に天秤型の帽子をかぶり、手には木槌を持ち、台座に座って紛争を裁く」ことを夢見た。このため、彼女はビジネスをやめて法律を学び、かつての夢は現在のきわめて実際的で平凡な生活に姿を変えた。裁判所で五年間働き、千件余りの案件を経験したことで、裁判官という仕事への理解が深まり、現場の裁判官が心の中に抱く法治の夢が理解できるようになった。歴莉は、「習近平主席が、人々がすべての司法案件に公平・正義を感じとれるよう努力しなければならない、と指摘しています。現場の裁判官は、特に法治精神の伝達者としての役割を果たし、公平・正義の判決によって、より多くの人々に法律を信じ、法治を信じてもらわなければなりません。法治の夢は花のように高貴で優雅ですが、それを追求するには、苦労と努力の汗を流さなければなりません。そして、それこそが夢を守るということの意味なのです」と話した。

夢追い人の物語

一九八〇年生まれの姚明は、九歳でバスケットボールを始め、一八歳で中国代表チームに選ばれ、一九歳でアジア優勝という栄光を手に入れ、二十二歳の時アジア選手で初めてアメリカNBAの栄誉ある「ドラフト」一位に選ばれた。二〇〇二年から二〇一一年までの間、NBAに参戦していた姚明は「中国の顔」になり、行く先々で「姚旋風」が巻き起こった。三十一歳の時、姚明はけがで引退を余儀なくされたが、彼にはまだ自分の夢があった「誰もが自分の本業から派生する夢を持っている。私の中国の夢は、スポーツをもう一度教育にもどし、教育の一部にすることだ」二〇〇八年の汶川地震の際、姚明は「姚基金」を設立し、被災地復興を支援した。彼は総額一六〇〇万元を寄付し、中国スポーツ界で最高額の寄付者となった。現在「姚基金」は十六の希望小学校（訳注⑤）を設立し、二〇一二年には「姚基金希望小学校バスケットボールシーズン」を開催した。姚明は「姚基金」を通じてより多くの青少年を支援したいと考えている。「私はずっとスポーツのパワーを信じてきた。このパワーはどのように努力して勝利をつかむかを教えるだけでなく、もっと重要なのはその過程でチームの大切さを学ぶことにある」姚明はこのように述べた。

長きに渡り、中国の装備製造業の基幹技術、基幹部品は国外企業に牛耳られ、長年悩みの種、強国建設の足かせとなっていた。実業によって国に報いるという「中国の夢」のため、濰柴動力股份有限公司「三高」試験チームリーダー、常国麗と同僚たちは青春を苦しい作業に捧げた。濰柴動力公司はエンジンの製造に特化した企業で、国内メーカーが世界の装備製造業のトップクラスにたどりつけるよう、二〇〇五年、「三高」試験チームを結成した。「三高」試験は、すべてのエンジンが高温、高地、高冷（低温）の過酷な使用環境に耐えられることを保証するためのものだ。試験チームの最初の主力メンバーは、常国麗と同僚たち八〇年代以降に生まれた青年たちだった。彼女とメンバーのほとんどが一人っ子で、平均年齢はわずか二十七歳、学歴は高いがあまり苦労の経験がなく、意気込みは充分だが相対する困難はあまりに大きかった。「三高」試験チームは、夏に新疆の火焔山に登り、摂氏五十度余りの高温の中で作業しなければならず、日焼けで皮が一枚また一枚とむけていった。秋には、海抜五千メートルの青蔵高原に登り、何度も高山病にかかり、食事ものどを通らず苦しんだ。冬には零下四十度余りの黒河を歩いて渡り、手も顔も凍傷にやられた。試験チームは家族と過ごす時間より外での勤務時間の方がずっと長く、野宿など日常茶飯事で、荒野や砂漠を友とし、テスト車と同行するのが日常の光景だった。時には砂嵐など極限の厳しい気候条件を克服しなければならなかった。エンジンの毎回の極限環境試験はす

訳注⑤　民間の寄付によって建てられた小学校。

べて「三高」試験チームメンバーの生命の極限テストだったと言える。常国麗と彼女のチームのメンバーは、これら極限試験の基礎があったからこそ、滁柴エンジンの各技術指標が国外先進企業のディーゼルエンジンと完全に肩を並べることができたのだと、胸を張って述べた。常国麗は次のように考えている。「青春時代には夢を追うべきです。青年たちは仕事を重んじ、誠実に責任を果たし、個人の奮闘を民族の偉大な抱負に融合し、青春を国家の戦略的発展に投入するべきです。個人の奮闘努力があってこそ真の価値と意義が生まれ、堅実な基礎、より開かれたプラットホーム、より美しい前途が作られるのです」

若い頃の李栓科は厳格な選抜を経て、中国科学院の南極、北極、青蔵高原科学観測隊に選ばれ、さらに中国初の北極科学観測隊の隊長になった。一九九七年、彼が改定を請け負った雑誌『地理知識』は発行部数が二万冊に達していなかった。二〇〇〇年、『地理知識』は『中国国家地理』に改名され、大衆科学雑誌から科学的メディアへと格上げされた。李栓科は、「我々は他の国の同業者に比べ最少のコストで最高のものを手に入れました。それは人の労力によるものではなく、自然にできあがったものです。中国の地理的資源がとても豊かだからです。全世界の十大自然生態系統のうち九つが中国にあり、中国を超える国はありません。また地理的に最も素晴らしいのがその相違性です。中国の資源は本当に豊富なので、選ぶべきテーマがたくさんあります」と述べた。現在、『中国国家地理』の月平均発行部数は八十から九十万部で、七十%が町中の売店で販売されている。李栓科のチームはさらに『中国国家地理』の青少年版『博物』誌を創刊し、『中華遺産』誌を編集、出版し、出版会社、広告会社、映画会社、出版取次会社を設立し、携帯電話へのニュース配信、ホームページ、デジタル雑誌、モバイル端末用ダウンロードアプリなどを作成した。彼は、雑誌の急速な発展の最大の外部要因は中国人が豊かになったことだと言う。十年に渡る文化体制改革が伝統的な雑誌に新しい活力をもたらした。『中国国家地理』は中国語簡体字版、台湾繁体字版、香港マカオ繁体字版、日本語版、英語版などを相次いで出版し、国内で初めて先進国向けの輸出用版権を整備した。二〇〇三年から二〇〇六年にかけて、『中国国家地理』は急速な成長期に入り、毎年倍増していった。二〇〇八年現在、雑誌は安定した成長期に入り、毎年八％から九％の伸びを維持しており、「中国経済の成長曲線と相似している」のだ。李栓科は、「我々がターゲットとする読者層は高い教育を受け、成熟した人生観と価値観を持ち、情熱的で夢を持っています。社会経済の発展に伴い、今後この層は拡大を続け、我々の雑誌の発行部数と影響力をさらに高めてくれるでしょう。すぐれた科学メディアには『感嘆符』だけでなく『疑問符』が必要で、思索、思弁、連想を誘発するものです。我々の目標は強力な科学メディア機構を作ることで、今のところ中国には存在しませんが、将来必ず生まれるでしょう」と述べた。

孫恒は、出稼ぎ労働者たちにサービスを提供する公益組織「労働者の家」の創設者だ。彼と多くの労働者の夢と希望は都会で安定した生活を送ることだという。孫恒は過去を思い起こし、次のように述べた。「二〇〇二年に『労働者の家』を創設し、労働者へのサービスを始めてからすでに十年余りになります。この十年間、労働者の生活環境はかなり改善されました。たとえば、十年前は給与の未払いがたいへん多く、我々アルバイト芸術団が出した一枚目のレコードの最初の歌は『団結して賃金を勝ち取ろう』でした。しかし、今ではこういった現象はかなり少なくなりました。十年前は収容送還の制度がまだ廃止されておらず、夜、私は居留守をつかうため、小さなアパートの中で外から鍵をかけて寝ていました。こういった変化によって、我々は都会に根を張るという夢が持てるようになりました。ですが、現実と比べると、夢はいまだに「根っこのない夢」です。私が一九九八年に中学の音楽教師を辞めて北京に来てから十五年になりますが、家を買うのはもちろん、借りるのも難しくなってきています。我々がつくった出稼ぎ労働者の子供のための小学校である同心学校には、三年で二十回も引っ越した子供がいます。仲間の話では、三環が繁華街になって四環に引っ越し、四環がにぎやかになれば五環、そして次は六環というように引っ越さなければならなくなると言います。都市化のプロセスは、我々が片隅へと追いやられていくプロセスなのです」(訳注⑥)中国には「安居楽業(安らげる家があってこそ楽しく働ける)」という古い言葉がある。孫恒は「落ち着いた状況がないと、労働者たちが都会に対しアイデンティティや帰属感を持つのは難しい。これが大きな問題です。今の状態では有形の根っこだけで、落ち着きたいという夢には、まだもっとたくさんの無形の根っこが必要です。統計では、五十歳以上の出稼ぎ労働者が三千六百万人いますが、彼らの多くは社会保険がありません。基本的な保障がないので、都市に留まるのが難しいのです」と述べた。彼が北京に来た頃、夢は自分の道を見つけることだった。「今、私はこの道を見つけました。多くの友人と団結し、出稼ぎ労働者のために働く中で自分の人生の価値を実現できました。アルバイト芸術団から出稼ぎ労働者の子供の学校、さらに出稼ぎ労働者の博物館、春節かくし芸大会へと、夢は一歩ずつ前進しています。私たちは最近労働者の研修も始めました。今年は出稼ぎ労働者文化芸術祭を開催したいと考えています。でも、私の夢も同じく根を張る必要があります。たとえば、十年余りになりますが、『出稼ぎ労働者の家』は今も『商工登録』しかありません。去年、民間組織の登録条件が拡大されたと聞いて、問い合わせに行ったのですが、拒否されました。政策はあってもまだ実行されていないのです」。孫恒は「私の小さな夢は、二・六億人の出稼ぎ労働者の大きな夢と一つにつながっています。一見、今でも『根っこのない夢』ですが、社会の発展と前進につれ、より多くの人々の支援が集まるにつれて、この夢にきっと根が生え発芽し、最も美しい花が咲き始めることでしょう」と話した。

夢と共に成長する

京東方科技集団股份有限公司会長の王東昇は、「『中国の夢』は中国人民の夢であり、中国企業の夢でもあります」と話す。国家の夢、企業の夢、個人の夢は、共に補完し合って成り立つ、固くつながりあった有機体なのだ。二十年前、鄧小平の南方談話に鼓舞され、王東昇と同僚たちは産業で国に報いたいとの強い思いと理想を抱き、新しいタイプの株式会社、京東方科技集団股份有限公司を設立した。二十年間風雨にもまれ、刻苦奮闘し、京東方は二〇一二年、新規発明特許、粗利益率、出荷量などの各方面に

訳注⑥　北京の環状道路。二環路から六環路まで、市内の中心部から外側に向けて順に広がっている。

おいて世界の最前列に躍り出て、世界半導体ディスプレイ分野で大きな影響力を持つトップ企業となった。二十年の努力の日々を振り返り、彼は、イノベーションがなければ中国企業は世界産業のレベルアップとモデルチェンジについていくことはできない、技術の日進月歩の歩みがなければ、世界の優秀な企業に肩を並べ尊重や未来を勝ち取ることはできない、基礎研究はもちろんのこと技術革新も同様だ、ということを身に染みて感じている。たゆまぬ努力を続けることで、京東方はついに難関を乗り越え、黒字転換し、継続した収穫期に入った。産業の強さは国家の強さであり、企業の振興は民族の振興を意味する。王東昇は「私は本当に幸運です。誰でも輝くチャンスのある、成果を上げることのできる偉大な時代にうまく出会えたのですから。中華民族の偉大な復興の長い道のりの途中で、私と同僚たちは畏敬の念と感謝の気持ちを胸に、引き続き奮闘努力し、イノベーションを続け、力を尽くし、京東方を活力と価値ある創造力に満ちた、人々から尊敬される大企業に育て上げ、中国刷新の夢を実現するために必要な新たな貢献をしたいと思います」と述べた。

改革開放や市場経済が、無数の人々の起業の夢に火をともした。今日の中国では小規模企業の割合は企業全体の九十%に達している。彼らが作り出す最終製品とサービスは国内総生産の六〇%に達し、納税額は国の税収総額の五十%を占め、都市と農村の就業の八十%を生み出している。起業の夢をのせた小規模企業はもはや「小規模グループ」ではなくなった。青島大唐盈動品牌公関伝播有限公司の総経理、呂英もこのグループの一員だ。「起業の夢」と燃え上がる青春の思いを胸に秘め、六年前、呂英は数人の友人たちと一軒の民家の中に自分の公関公司を立ち上げた。オフィスの設備は二台のパソコンと一台のプリンターだけだった。丸腰の指揮官から今日のように武器と兵を持つようになるまで、まったくの無名からオリンピック関連の企画をするようになるまで、会社は一歩ずつ成長してきたが、それは数人の夢追い人の昼夜を分かたぬ努力の結晶だった。彼女は、「私の夢は遠大で、この業界でトップの列に並ぶことです。また、私の夢は現実的でもあり、現在、眼前に横たわり、私の創業の夢に大きく強く影響する『ガラスの壁』が取り除かれることを待ち望んでいます」と述べた。小規模企業の創業者にとって、お金は最大の「緊箍呪《きんこじゅ》」（※孫悟空の頭の輪を締め付ける呪文）だ。借りられるお金が少なければ、借金のループは回転が速くなり、信用情報を掌握するのも難しくなり、融資分野において、小規模企業は「三流」に落ちてしまう。小規模企業の税務面での圧力もたいへん大きく、小規模企業の税金はほとんど大企業と変わらず、企業所得税だけでも頭が痛いのに、教育付加税、都市建設維持税など免除されるものは一つもない。呂英と同僚たちは公平な競争の環境を望んでいる。しかし、多くの入札募集には登録資金、従業員数、財務指標などに制限があり、基本的に小規模企業は除外されてしまう。一部の経済刺激策も往々にして国有企業に傾斜しており、民営企業が支援を得るのは容易ではなく、小規模企業はそれ以上に困難を極める。だが、様々な方法によって力を尽くしてきた結果、「小規模企業」もコンセンサスが得られるようになり、社会の呼び声もだんだん大きくなってきた。中央の指導者たちも何度も特定のテーマとして取り上げ、調査研究を行って小規模企業の発展を支援するようになった。二〇一二年、国務院は小規模企業の発展を支援する多くの措置を公布し、二〇一三年の第十二回人民大の「政府事業報告」では、金融機関は小規模企業に対し資金上のサポートをより手厚くするべきだと指摘されている。中央政府が資金を出して設立した国家中小企業発展基金、中国銀行業監督管理委員会が提出した『小規模企業金融サービス深化に関する意見』、呂英と小規模企業従事者たちはこれらから国の激励と熱い思いを感じとった。呂英は小規模企業発展の前途に大きな自信を持っている。「社会主義市場経済の最も忠実な信奉者として、多くの小規模企業が決してあきらめず生き残り、発展を続けます。陽の光は差し込み始め、門はわずかですが開かれています。力を入れて門を大きく押し開けるのです。政策上のチャンスをつかみ、苦労してイノベーションを堅持すれば、小規模企業はきっと『ガラスの壁』を打ち破ることができ、起業の夢をさらに力強く成長させることができます」と彼女は述べた。

二十五年前、新東方教育科技集団の創始者である兪敏洪には「アメリカン・ドリーム」があった。当時北京大学で英語教師をしていた彼は、友人たちのようにアメリカへ留学したいと夢見ていた。彼には多くの大学からオファーがあったが、奨学金の額は多くても学費の四分の三で、学費を全て賄うのに数千ドル足りなかった。この数千ドルをかき集めるため、彼は学校以外の場所で兼職し、留学資金を稼いでいたが、それが学校側に知られ、通報処分（違反行為を掲示板などに張り出される処分）を受けてしまった。一九九一年、兪敏洪は北京大学を辞し、ある小学校に十平方メートルの小さな部屋を借り、「新東方」を起業した。従業員は彼と妻の二人だった。九十年代の中国は留学熱が高まり、一九九五年、「新東方」

の収入は一千万元を超えた。この時、兪敏洪は、彼の「アメリカン・ドリーム」を捨てた。「新東方」で他の人たちの留学の夢実現を支援するという事業を捨てられなくなっていたからだ。彼の「絶望の中から希望を見つける」という名言は、無数の学習者たちの座右の銘になった。二〇〇六年、新東方教育科技集団はアメリカのニューヨーク証券取引所に上場した。その始値は二十二ドルで、発行価格より四十六・七％も上昇していた。会社の三十一・一八％の株式を保有する兪敏洪会長の個人資産は十八億人民元を超えた。億万長者となった兪敏洪の次の夢は、非営利の私立大学を設立し、世界中で最も教師の質の高い大学にし、人々に最高の教育を提供する、というものだ。

スモッグ情報とＰＭ二・五の含有表示が出ると、人々は知恵をしぼり、様々な方法を考えて自分の健康を守ろうとするが、この時劉屹博士と彼の「艾可藍」チームが開発した選択性還元促進器（ＳＣＲ）と顆粒物捕集器（ＤＰＦ）が、空気中のＰＭ二・五含有量低下に大きな力を発揮する。「我々が開発したＳＣＲとＤＰＦシステムは、還元促進、ろ過捕集、自動再生、電子・電気制御などの先進技術により、九十五％以上の窒素酸化物（ＮＯx）と微小粒子状物質（ＰＭ二・五）排出を除去し、青空を取り戻し、空気を新鮮にできます」。劉屹博士によると、この技術によって、車の排気ガス処理という世界中が抱える難題を克服することができ、国内の空白を埋めることができると言う。

劉屹は安徽省山間部の小さな町に生まれた。彼の母方の曽祖父は革命烈士で、母方の祖父はかつての工農紅軍の戦士、父方の祖父と父も全国労働模範に選ばれていた。こういった教育環境で育った劉屹は、子供の時から努力して勉強し、国に報いるのだという信念を確立していた。実業によって国に報いるという宿願を実現するため、どんなに苦しくても頑張り、走り続けてきた。二〇〇八年八月、わずか四年でアメリカのオハイオ州立大学で修士号と博士号を取ると、誠実で純粋な報国の思いを胸に、すでにアメリカの武田薬品に就職していた妻と共に故郷の安徽省に戻った。彼らは安徽艾可藍節能環保科技有限公司を設立した。劉屹と彼のグループが創業初期に困窮した際、地方政府が有力な支援をした。地方政府は二千元の起業支援資金を出し、さらに四千四百平方メートルの標準的な化学工場と六百平方メートルの従業員用住宅を提供した、プロジェクトが成功した時、劉屹と仲間はこらえきれず抱き合って泣いた。劉屹は、「あの時、私はここここそが我々の温かい家なのだと気づきました」と話している。

帰国後は多忙で疲れもたまっていたが、自分の選択について劉屹は一度も後悔しなかった。彼は、「海外にいたときには一つの職業だと感じていたが、帰国してからは事業だと感じています。自分のチームと共に成長していくのは、たいへん楽しい」と語った。劉屹と彼のチームは、自動車排気ガス浄化処理分野において先進国とわずか二十年の差しかなく、技術上は五年以下にまで縮んでおり、産業上では十年以下まで縮んでいる。微小粒子状物質の浄化と窒素酸化物除去技術の分野では、「艾可藍」はすでに国際先進技術に追いつき、海外企業のこの分野における独占を一気に打破し、中国の自動車省エネ環境保護産業に実質的な貢献をした。劉屹は「艾可藍」成功の原因は「自分たちの方向性をあきらめず、自分たちのイノベーションをあきらめなかったことです。イノベーションこそが我々の最大の財産です」と話した。

第二章

中国は自分の道を歩むのか、それとも他者の道を歩むのか

中国の夢の実現には、必ずや中国の特色ある社会主義の道を堅持しなければならない。我々はこの道を歩み始めてすでに三十年余りになるが、歴史が証明しているように、この道は中国の国情に合った、富民強国の正しい道だ。我々は確固たる信念を持ってこの道を進んでいくのだ。

——習近平

中国の発展は何を頼りに、どんな旗印を掲げ、どういった道を歩むのかが、中国でずっと議論されてきた。中国は今もそれを議論しながら、絶えず是非を判断し、選択し、前進を続けている。

険しい関所を越えいばらの道を行く

中国の発展を議論する時、歴史を避けて通るわけにはいかない。そして中国の歴史は苦難と栄光の歴史だと言えよう。それは中華民族の集団の記憶であり、中華民族の輝かしい繁栄から、辛酸をなめ、再び独立と解放を勝ち取るまでの非凡な道のりの記録である。

・五千年を振り返る

復興の実現というテーマを提言する民族は多くはない。中国が民族復興を願うのは、我々が輝く栄光の歴史を持っているからだ。長い歴史の道のりの中で、中華民族は過去の長い間、世界の先頭を走り、人類文明の発展に不滅の大きな貢献を果たしてきた。

梁啓超は以前、中国の歴史を三つの段階に分けた。第一段階が「中国の中国」で、古代の炎帝・黄帝から五帝の時代から秦の始皇帝の時代までを指し、中華民族文化の形成期で、秦代以前の時代の諸子百家の文化を代表とする。第二段階は「アジアの中国」で、秦・漢の時代から清代末期までを指し、中華民族文化の成熟期で、儒家文化を代表とする。この文化精神は、朝鮮、ベトナムなどの東南アジアの周辺諸国にまで影響を与え、中でも日本に与えた影響が最も大きい。第三段階は「世界の中の中国」で、清代末期から、西欧列強の軍艦がやってきて強大な海軍の軍事力で中国の閉ざされていた門をこじ開けた時代を指す。中国は世界を認識せざるを得ず、また世界に向けて歩み始め、中国文化は西洋文化と交流し、融合することを余儀なくされた。（注①）

イギリスの学者、アンガス・マディソンは、『世界経済史外観』の中で、西暦一〇〇〇年以降ずっと、中国の国内総生産が世界の五分の一以上を占めていた、と見積もっている。衰退していたとされる宋の時代（九六〇―一二七九）でさえ多くの富を持ち、GDP総額は当時の世界の三分の一を占めていた。第一次アヘン戦争（一八四〇―一八四二）までの数百年間、世界の重心はアジアにあり、アジアの重心は東アジアにあり、東アジアの重心は中国にあった。全世界で人口五十万人以上の大都市は当時全部で十あったが、そのうち六つを中国が占めていた。当時の中国は世界の発展を推進するエンジンであり、世界経済の牽引役だったと言えるだろう。

連綿と続いてきた中華文明は、世界の多くの古代文明の中でもかなり特殊で、誕生から今日まで途切れることなく発展を続け、有史以前の文明から現代文明までの変遷の完全なプロセスを持つ。かつて歴史の星空に燦爛と輝きを放ったメソポタミア文明、古代エジプト文明、古代インド文明はいずれもやが

注　①　梁啓超『中国史叙論』『飲氷室合集』第一集の六、一一～一二ページ　中華書局一九八九年版

て消えていった。人類の文明で、中華文明だけが唯一無二の一本の太い線となった。先秦から漢・唐、そして宋・明の時代に至るまで、中華文明は四大発明を代表とし、人類の文明の歴史的発展のプロセスを大きく推進した。思想文化の分野では、儒学を代表とする伝統文化が十七世紀から十八世紀にヨーロッパに伝わり、百年の長きに渡る中国文化熱が始まった。儒家思想はイタリアルネッサンスの後で形成されたヨーロッパ新思想と結合し、啓蒙思想の重要な思想的淵源となり、近代ヨーロッパの思想文化の形成と方向性に影響を与えた。同時に、中国伝統文化が、中国を中心として東南アジア諸国及び東アジア地域の一部の国を含む儒教文化圏の形成を促進し、世界文明の発展に積極的な影響をもたらした。

十六世紀後半から十七世紀初頭に、イタリア人マテオ・リッチが西欧の宗教、特に天文、数学、暦法、地理、水利、建築、機械を含む近代科学技術、それと音楽、絵画を中国に紹介した。西洋文化の大規模な流入は、明代末期から清代初期の中国の思想文化に大きな変化をもたらした。これらの人類文明の優秀な成果の一部は中国文化に融合し、中国伝統文化の組成部分となった。歴史を振り返ると、中華文明が途切れずに続いてきた最も重要な原因の一つが継承式革新であり、古いものを捨て新しいものを生み出す力だった。

・百七十年を振り返る

資本主義生産様式の出現に伴い、近代工業革命の歩みがスピードを速め、中国は世界文明の進歩に追いつけなくなり、自分の殻にこもった封建的統治者は依然として過去の栄光輝く「天朝上国」（※周辺国家を従属させる天の朝廷）の夢に酔い痴れ、「万邦来儀」（※世界の国々が礼を尽くしに来る）を待っていた。鄧小平がこの頃の歴史について「明の時代の中頃から計算すると、アヘン戦争まで三百年余り鎖国していたことになり、康熙帝の時代から計算しても二百年近くなる。長期間の鎖国が、中国を貧しく立ち遅れた、愚かで無知な国にしてしまったのだ」と述べている。（注②）

しかしながら、中国の封建的統治者のもとに最終的にやって来たのは、軍艦に砲弾を積んだ西欧列強であり、亡国と滅亡だった。一八四〇年に勃発した第一次アヘン戦争は、中国の門を開いただけでなく、「天朝の夢」を打ち砕いた。このかつて世界の頂点に立ち、他国を「夷」（未開人）と蔑視していた「天朝上国」は、瞬く間に帝国主義列強に分割され、貧しく弱い半植民地・半封建国家になり果ててしまった。わずか五、六十年の間に、東西の列強が侵略戦争によって清朝政府に何カ条にも上る不平等条約を結ばせ、中国に対し略奪の限りを行った。中華民族が受けた屈辱と苦難は未曽有のもので、中国の昔日の栄光は消え果てた。

西欧列強と帝国主義が中国に侵攻し屈辱をもたらしたが、それによって中華民族の民族意識と民族精神が呼び覚まされた。習近平主席は「中国人なら誰でも、あの頃の歴史を思い起こすと辛くなる。だか

注　②『中央顧問委員会第三回全体会議における講話』（一九八四年十月二十二日）、『鄧小平文選』第三巻九〇ページ、人民出版社一九九三年版

らこそ、中国人はいつも民族復興へのこだわりと強い思いを持っており、それが一種の精神的パワーなのだ」と述べている。近代において、民族復興には特別な意味が含まれている。一つは民族独立であり、二つ目は国家富強だ。

一部の先進な人々の啓発により、中国人は「天朝上国」の迷いから覚め始めた。一八九四年、孫文によって「中華振興」の合言葉が高らかに叫ばれ、世界に向けて中華の子孫の偉大な夢がはっきり示されたのだ。民族復興のため、無数の志を持つ者たちが国中を駆け回り、戦っては負け、負けてはまた戦い、決して奮闘努力をやめようとはしなかった。毛沢東はかつて、「一八四〇年にアヘン戦争で失敗した時から、先進的中国人たちはありとあらゆる苦しみを舐めながら西欧国家に真理を求めた。洪秀全、康有為、厳復、孫文が、共産党が現れる以前に西欧国家に真理をさがしに行った人物たちだ」と指摘した。（注③）異なる階級、異なる社会階層、異なる政治力の者たちが、中国の危機に際し、それぞれ行動を起こし、なんとかして中国の問題を解決する方策を見つけ出そうとした。たとえば、洋務運動では「西洋人の進んだ技術を用いて西洋人を制する」「中国の文化や制度を本体とし、西洋の機械文明を用いる」ことによって、西欧列強の船や爆弾の技術を学び、富国強兵の夢を実現しようとしたり、また、日本の明治維新に学び、封建君主制を掲げる「維新新政」を行おうとしたり、様々な方法が考えられた。結果はと言えば、封建的統治者が無情に弾圧を加え、例外なくすべて無残な失敗に終わった。辛亥革命は資産階級の民主革命によって封建的帝政を覆したが、これは天地をひっくり返したと言ってよく、中国に一筋の進歩の光が差し込んだ。しかし、中国の資産階級そのものが弱腰で、すぐに妥協し、帝国主義と封建主義に過度に頼り、人民大衆のパワーを軽視していた。最終的にかつてのように国がいくつにも分裂し、戦乱が多発し、人民の苦難に満ちた生活に変わりはなかった。中国は生き延びるのさえ難しく、発展どころではなかった。

一九二一年、中国共産党が誕生した。その後、中国人民は中国共産党の指導の下、帝国主義、封建主義、官僚資本主義の「三つの山」を覆し、中国の半植民地・半封建社会の歴史を完全に終わらせ、国の分裂状態を終息させた。中華人民共和国が成立し、中国は数千年続いた封建専制社会から人民民主制度へと偉大な飛躍を遂げ、国家の高度な統一と各民族のかつてない団結が実現した。新中国の成立によって、人民は国家、社会、そして自分の運命の主人公となり、中華民族は真に民族復興の道を歩み始めた。

・六十年を振り返る

毛沢東はかつて、「康有為は『大同書』を書いたが、彼にも大同に至る一本の道を見つけることはできなかった。マルクス・レーニン主義、社会主義だけが、一筋の歴史の陽光のように中国という舞台を照らし、中国人の進むべき道を照らした。中国共産党が、あらゆる苦しみを舐めながらこの中国の特色

注　③『人民民主専政を論ず―中国共産党二十八周年を記念する』（一九四九年六月三十日）、『毛沢東選集』第四巻一四六九ページ、人民出版社一九九一年版

ある社会主義の道を見つけ出したからこそ、我々は『中国の夢』の社会の正道を実現することができる」と述べた。

中国の革命の勝利がもたらした直接の結果は、新中国成立後いかにして中国を一等国にするかという大事に「中国人民を立ち上がらせた」ことだ。我々の目の前にあるのは傷だらけで穴の開いたボロボロの屋台で、国民総生産はアメリカの七％に満たず、重工業はほぼゼロの状態で、軽工業はと言えば少数の紡績業があるだけだった。八十％の国民が文盲で、九百六十万平方メートルの土地の多くが、いまだ封建農奴制あるいは奴隷制の段階にあり、多くの地域でまだ「焼畑農業」が行われていた。かつて毛沢東は、「今、我々に何が作れるだろう？　机とイス、茶碗と急須、穀物、それから小麦粉、紙が作れる。だが、自動車、飛行機、戦車、トラックなどは何一つ作れない」（注④）と嘆いた。これが歩み出したばかりの中華人民共和国の貧しい財産状況だった。そればかりか、中国は世界から政治的に孤立し、経済封鎖されていた。財産がなく援助もなく経験もない新中国は、懸命に背筋を伸ばし手さぐりで前進しなければならなかった。この間には成功も、悲惨な経験もあった。成功した点は、社会主義の基本制度の確立であり、同時に比較的整った基本的な国民経済システムを形成したことだ。失敗の経験も中国人の心にしっかりと刻まれている。それは各業界において「邯鄲の歩み」の語の如く、ソ連の建設方法をまね「大躍進」を実施したことだ。炊飯用の釜や農作業用の鍬まですべて溶かし鋼鉄にした。「一ムー当たり収穫量一万斤」の神話が日々生まれ、最短期間、最速のスピードで「イギリスを追い越しアメリカに追いつき」、急速に共産主義を進め、よい生活を送ろうと考えていた。さらには十年の内乱である「文化大革命」が勃発した。これらの道がすべて間違っていたことは、事実が証明している。

一九七八年、中国の道は新しいスタートを迎えた。それは真理の基準についての大討論に端を発している。すでに三十年余りが過ぎたが、この討論が当時引き起こした思想的震撼は、今もまだ人々の記憶に新しい。この真理の基準に関する討論が一気に思想を解放した。迷信と思想の膠着状態から人々を解放し、実事求是の優れた伝統を回復し、活気とパワーがもどった。中国人は、何が社会主義でどのように社会主義を建設すればいいのかを再度考えた。鄧小平は、「貧しい状態が続くようなら社会主義は成り立たない」（注⑤）「経済がいつも停滞しているようであれば社会主義とは言えない。人民生活が長期にわたって低レベルの状態にあるなら、それは社会主義とは言えない」（注⑥）と言った。鄧小平は全党及び全国の人民解放思想と実事求是をリードし、大きな政治的勇気でもって改革開放を実行し、「石橋をたたいて渡る」姿勢で、試行と探索を続けながら中国における社会主義建設の新しい道を求めた。一九七八年以降、中国共産党は中国の社会主義建設の基本的経験を総括し、同時に世界の経験を手本と

注④『中華人民共和国憲法草案について』（一九五四年六月十四日）、『毛沢東選集』第六巻三二九ページ、人民出版社一九九一年版
注⑤『思想路線・政治路線の実現は組織の路線によって保証しなければならない』（一九七九年七月二十九日）、『鄧小平文選』第二巻一九一ページ、人民出版社一九九四年版
注⑥『社会主義はまず生産力を発展しなければならない』（一九八〇年四月—五月）、『鄧小平文選』第二巻三一二ページ、人民出版社一九九四年版

して学び、たゆまず探索を続けた。中国の社会主義の初期段階における基本路線、方針、政策を形成し、全方位の対外的開放を堅持し、社会主義現代化建設において前進を続けた。

三十年余り続く改革開放と社会発展が、中国の経済的様相を様変わりさせ、世界経済における中国の地位を大きく変えた。一九八〇年、中国経済は世界第十一位になり、二〇〇〇年には第六位に、二〇〇四年には国内総生産（GDP）がイタリアを抜き、二〇〇五年にはフランスを、二〇〇六年にはイギリスを、そして二〇一〇年には日本を抜いてアメリカに次ぐ世界第二の経済体となった。中国はGDPで日本を超え、アジアの大国となり、「第二次世界大戦」以降のアジアの発展構造を変えた。

二〇一一年、中国は世界第一の製造業大国になった。世界の四百種類余りの製品のうち、二百種類余りの製品の生産量で中国が世界第一位だ。世界のトップ企業五百のうち、毎年中国企業が五社程度増え、その総数は六十に達している。世界のトップ企業十社のうち、中国の中石化、国家電網、中石油が三つを占めている。

AP通信社の二〇一二年十二月の貿易データ分析結果によると、わずか五年以内に、中国はアメリカを抜き、韓国やオーストラリアなどのアメリカの盟友を含む大部分の国の主要貿易相手国になるという。現在世界経済が低迷しており、中国経済も成長速度を落としてはいるが、それでも大国の中で最大の伸びを示している。

この世の正道は大海のように激しく移り変わる

中国社会の正道は、中国の特色ある社会主義の道だが、中国はどうやってこの成功の道を見つけ出したのか。

中国の特色ある社会主義の道は一九七八年に始まり、それを代表するのが共産党の第十一回三中全会だ。会議で鄧小平は、「思想を解放し、実事求是の態度で、一致団結し前向きの姿勢を持とう」と講話をした。鄧小平氏は、「まず思想を解放する」「党、国、民族が、もしすべてを教条的なものから出発すれば、思想は硬直化し、迷信が横行し、前進することができなくなり、活力をなくし、党を失い、国が滅んでしまう」(注⑦)この有名な講話は後に新しい時代と新しい道を開き、中国の特色ある社会主義建設開始の新しい理論の宣言書として讃えられた。これにより、中国は改革開放を明確な旗印とした偉大なプロセスを開始した。

三十年というのは、歴史の長い河の流れの中では一瞬にすぎないが、中国南海地域の深圳は、三十年の間に小さな漁村から近代的大都市へと変身し、中国の改革開放の模範例となり、中国の道の明確な証となった。

深圳は、時の流れの中ですっかり姿を変えてしまい、三十年前の様子については数字と古い写真が残

注　⑦『思想を解放し、実事求是の態度で、一致団結して前を向く』(一九七八年十二月十三日)、『鄧小平文選』第二巻一四一、一四三ページ、人民出版社一九九四年版

るのみだ。それによると、昔の深圳は人口が二・六万人で面積は三平方キロメートル、屋根が低くて狭い平屋、暗い電灯、ぬかるんだ道、車はたったの七台しかなく、道路は二本のみで、一本は人民路、もう一本は解放路と呼ばれ、全部足しても二キロに満たなかった。その時代を経験した多くの人たちは「当時の深圳は一目で見渡すことができた」と口をそろえて言う。一九八〇年の八月二十六日を深圳の人たちは決して忘れはしない。この日から、深圳は中国最初の経済特区となり、ここから華麗な転身が始まり、猛烈な発展が開始された。わずか三年で深圳の経済は六倍以上の伸びを示し、一時期「深圳速度」という言葉が有名になった。深圳は奇跡的な速度で近代化都市へと突き進んだ。以前の屋根が低くて狭かった平屋は見られなくなり、大きなビルが次々に建てられ、ぬかるんだ道は消え、広々とした大きな道路が人々を驚かせた。人口がかつての三万人弱から、今日の一千万人以上に増加しただけでなく、経済生産高が数千倍になり、中国の都市で初めて一人当たりＧＤＰが一万ドルを超えた。そして今も中国で経済が最も発達した都市の一つである。未来に目を向けると、深圳は今後現代化、国際化先進都市という目標に照準を合わせて努力を続け、今世紀中頃には、より開放され、より活力に富むハイテク技術、高付加価値を持つ経済体へと発展するだろう。香港と手を組み、珠江デルタを融合し、全国にサービスを行きわたらせ、アジア太平洋地域、世界に影響を与えるハイテクイノベーションセンター、ハイエンド製造センター、金融サービスセンター、貿易物流センター、ファッションクリエイティブセンターとなる。市民生活がさらに豊かになり、生態環境がさらに美しくなり、社会がさらに平和で調和がとれ、発展モデル・体制メカニズム・文明法治がより整備され、より強力な輻射的牽引作用を備えた先進都市になる。多元的文化が集まり交流し、多元的文明が調和的に共生する、強い吸引力とカリスマ性を具えた東方の魅力あふれる都市になるだろう。

深圳などの改革開放の経験を踏まえ、一九八二年、中国共産党第十二回全国代表大会で、鄧小平はこれまでの考えをさらに成熟させ明確化して「マルクス主義の普遍的真理を我が国の実情に結びつけ、自分たちの道を歩き、中国の特色ある社会主義を建設する、これは我々が長い歴史の経験を総括して得た基本的結論だ」と述べた。(注⑧)中国の進む道はこれによって「中国の特色ある社会主義」と名付けられた。

中国の特色ある社会主義には、何よりも発展のための生産力が必要だ。中国はまず農村で経済体制改革を実施し、「生産責任制」を実施し(訳注①)、農民により多くの経営管理権を与えた。農民の生産積極性は大きく向上し、貧困状態からの脱却が始まった。これは小崗村の逸話が生まれた後に総括されたものだ。

小崗村は安徽省淮河の沿岸に位置し、「中国農村改革第一村」と呼ばれた。一九七八年以前はたった

注⑧　『中国共産党第十二回全国代表大会開幕の辞』一九八二年九月一日)、『鄧小平文選』第三巻三ページ、人民出版社一九九三年版

訳注①　農民は一定数量の農作物を国家に上納すれば、残りの農作物は自由に処分してよいことになり、人民公社の集団による管理体制から、各農家単位による生産・分配・管理の形態へと変化していった。

の二十軒しか家がなく、人口が百人程度だった小崗村は、「食料は国からの供給頼み、お金は救済金頼み、生産は借金頼み」で知られる貧しい村だった。淮河河口がたびたび堆積した土砂で埋まるため、水害や干ばつが毎年のように続き、農業は衰退した。小崗村の老人は昔を振り返り、当時村では「娘の嫁入りの時にはまともな服がなく、男たちはほとんど独り身だった」と話した。一九七八年、小崗村は大干ばつにみまわれた。この年の十二月のある夜、生活の道を絶たれた小崗村の村人たちは、食べて行くため「大胆」な行動をとった。当時生産隊の隊長だった厳俊昌と副隊長の厳宏昌、会計の厳立学は生産隊に属する十八戸の代表者を厳俊昌のボロ屋に集め、ランプの灯りを囲み秘密裏に、農地を分割して個別に農業を行う、つまり集団耕地を各家に分ける農作業の請負と経営の方法について相談した。これは二十年も続いた人民公社制度に違反する行為で、当時は「反革命行動」の罪で牢につながれる恐れがあった。村民たちは一枚の証文に悲壮な決意を示す十八の真っ赤な血判を押した。この「生死の契約」には、「農地を各家に分配することについて、全家長が署名捺印する。今後、各戸が毎年の穀物の上納分を保証できるようになれば、二度と国に食料や金を要求しない。もしこれが実現できなければ、我々幹部は牢につながれて殺されようともかまわない。かわりに村民は我々の子供を一八歳まで育てることを保証すること」と書かれていた。

この契約が中国農村改革の最初の宣言書になろうとは、十八名の農民の誰も予想していなかった。

当時の中国の大多数の農民にとって、土地は絶対的に重要な生産道具であるばかりでなく、通常彼らの唯一の生活の糧であり社会保障だった。大きな政治的危険を冒しながら隠れて「請負」を始めた小崗村の人々は、すぐにそのうまみを味わうことになった。一年経たないうちに七万キロの穀物を収穫し、生活の問題は解決した。一部の地域の農民たちが先を争って小崗村のやり方をまね、また各自で改良した（多くは文章では残っていない）。一九七九年四月、中国共産党中央委員会で「農業の発展加速に関する決定」が可決され、農村の体制改革の門が大きく開かれた。八十年代初頭から、中国の農村では「生産責任制」が広く実施されるようになった。この制度の下で、土地の所有権は農村の地域の組織に属し、集団が土地所有権を持ち、土地の請負発注権を行使し、土地を各農家に分けた。農民は土地の使用権を手に入れ、独立して自分の土地を生産経営する長期賃貸者（賃貸期限は延長し続けることが可能だった）となり、各家が人民公社に代わり中国農村の主要経済単位となった。一般的に、農民は何らかの形で賃貸料を納めた後、残った農産物は自分で処理できる。彼らは契約に基づき、これらを統一された買い取り部門、協同組合、個人の穀物商に売ったり、自分で街の自由市場に持って行って直接販売したりした。

農村改革が突破をはかると同時に、個人、私営企業と郷鎮企業が出現し、硬直した計画経済体制に風穴を開けた。七十年代末、頭の切れる創業者、年広九は、「傻子瓜子」の名称で瓜子（※瓜の種の総称。中国でお茶うけとしてよく食べられている）の販売事業を興したが、商売はどんどん盛況になり、一日の瓜子販売量が千キロ以上になった。年広九は自分でさばききれなくなり、無職の青年を数人雇った。当時、国の規定では、個人経営の従業員雇用数は八人以下と決められていた。八人以下なら個人経営者とみなされるが、八人以上だと資本家とみなされてしまう。そして八人以上の従業員を雇ったため、年広九は「資本家」と名付けられてしまったのだ。「傻子瓜子」に端を発したこの難題は、中国の有識者たちの間に喧々諤々の大論争を巻き起こし、この論争は数年続いた。一九八四年になると、瓜子工場の従業員数は百五人になり、一日当たり生産量は九千キロに達していたが、まだ論争は続いていた。鄧小平が中国共産党中央顧問委員会第三回全体会議で態度を明確にした。「少し前に起きた従業員数の問題だが、社会にかなりの衝撃を与え、皆を大いに心配させた。二年間そのままにして様子を見たが、我々の全体的情勢に何か影響があっただろうか。『傻子瓜子』の経営がしばらく続けられたが、何か悪いことが起きたか？社会主義に害を与えたか？」（注⑨）鄧小平のこの言葉が年広九の運命を変え、この件によって民営経済発展における従業員雇用問題が見事に解決された。「年広九」も個人経営者の名を得ることができたのだ。

一連の改革開放の実施は、八十年代初期の中国を活気づけ、中国の進む道、どのように社会主義を建設するかという問題に対する認識が深まった。一九八五年に鄧小平が発表した『改革は中国の生産力発展のために欠くべからざる道である』の談話が、中国がすでに中国の特色ある社会主義建設の道を見つけ出したことを示している。一九八七年、中国共産党第十三回全国代表大会が開かれ、社会主義初期段階の理論が提言され、説明された。それは三つのフレーズに的確に集約される。経済建設を中心に、四つの基本原則を堅持し、改革開放を貫く。これは中国の進むべき道の最も基本的な内容となった。

前の世紀の八十年代末から九十年代初頭にかけて、ソ連が解体され、東欧諸国が激変し、中国の発展は十字路に差しかかった。中国はどこへ向かうべきなのか。改革開放の成果をどのように固め、発展させていくのか。一九九二年一月十八日から二月二十一日の間に、鄧小平は武昌、深圳、珠海、上海などを視察し、長きに渡り人々の思想を混乱させ束縛してきた一連の重大な認識に対し、回答した。南方談話の中で、鄧小平は再び「傻子瓜子」を取り上げた。「農村の改革初期、安徽省で『傻子瓜子』の問題が持ち上がった。当時多くの人が不愉快に思い、ヤツは百万元稼いでいると言い、やめさせるよう主張した」そして、「社会主義を堅持せず、改革開放を行わず、経済を発展させず、人民生活を改善しなければ、ただ死があるのみだ」「社会主義の本質は生産力の解放であり、発展だ。搾取を排除し、両極分化をなくし、最終的に共通した豊かさに到達するのだ」と指摘した。(注⑩)一つの政策が社会主義かどうかを判断する際、重要なのは社会主義社会の生産力発展に有利か、社会主義国家の総合力増強に有利か、人民の生活レベル向上に有利か、である。鄧小平の南方談話は、改革開放の十年余りの歴史経験の総括であり、人々の思想を大きく解放し、国の改革を後押しした。

上海浦東の開発が、この時期の中国の進むべき道の探索、その足跡を反映している。浦東は上海東部の、沿海部の開放エリアの中心で長江河口に位置する。北には物資と人材の豊かな長

注⑨　中央顧問委員会第三回全体会議における講話』（一九八四年十月二十二日）、『鄧小平文選』第三巻九一ページ、人民出版社一九九三年版

注⑩　『武昌、深圳、珠海、上海などにおける談話の要点』（一九九二年一月十八日～一九九二年二月二十一日）、『鄧小平文選』第三巻三七一、三七〇、三七三ページ、人民出版社一九九三年版

江デルタがあり、目の前には果てしなく広がる太平洋がある。浦東の開発は中国の歴史上何世代もの人々の宿願だった。一九一八年にはすでに、中国民主革命の先駆者である孫文が『建国方略』の中で、上海に浦東を基地とする世界的に大規模な港湾を建設する、という構想を提出している。一九四九年の上海解放後には、当時の陳毅市長も浦東開発構想を打ち出した。その後も歴代の上海市のリーダーたちが、繰り返し浦東の開発を議事日程に挙げてきた。しかし実際に浦東の開発が実施されたのは改革開放後のことで、深圳などの沿海特区開発の経験を経て九十年代に入ってからだった。一九九〇年四月十八日、中国共産党の中央本部と国務院は、浦東の開発開放を宣言し、「浦東を開発し、上海を振興し、中国全土に奉仕し、世界に向かって進む」という方針を提出した。そこには浦東開発開放の、八十年代の上海地方戦略構想から九十年代にかけての国の重大発展戦略が示され、中国の改革開放が新たな段階に入ったことが示されていた。また同時に対外開放と拡大を推進するという中国政府のゆるぎない立場が表明されていた。二十年余りの建設を経て、浦東は上海国際金融センターと国際空輸センターを持つ核心機能エリアとなり、さらに総合改革の試験エリア、開放的で調和のとれた生態エリア建設の努力を続けている。浦東の人々は現在、構造の合理化、機能の向上、効率アップ、エネルギー消費の低減、環境保護の基礎作りのため、地域を挙げて努力しており、二〇二〇年の浦東改革開放三十周年の際には、浦東を国内外の経済をつなぐ重要な枢軸にしたいと考えている。

中国第三代中央指導者集団が政治の舞台に上った時、改革開放はすでに十年余りが経過し、計画と市場の関係をいかに処理するかが、中国の特色ある社会主義の道にとって越えなければならない難関となっていた。

一九九二年、中国共産党第十四回全国代表大会において、江沢民は社会主義市場経済体制確立の改革目標を提出した。これは革命的な変革だった。なぜなら東洋でも西洋でも、長い歴史において、市場経済は資本主義特有のものとみなされ、これに対し計画経済は社会主義の基本的特性とみなされ、計画経済と市場経済は社会主義と資本主義を区別する一つの目印とされてきたからだ。「社会主義」と「市場経済」の結合は、これまでになかったまったく新しいもので、超越であり、突破であり、中国の進むべき道の最も鮮明な特色となった。

中国の社会主義市場経済に関する理解とは、社会主義と市場経済の二種類の長所を充分発揮することであり、社会主義国家のマクロ・コントロールの下で資源配分に基本的機能を発揮し、経済活動を価値法則の要求に従わせ、需給関係の変化に適応させる、というものだ。

社会主義市場経済体制の建設過程で新たに発生する問題は、公有制経済の異なる形式をどう位置づけるか、非公有制経済のすみやかな発展とその比重の増加に対し、どういった態度をとるか、である。これは社会主義初期段階の基本的経済制度に対する再認識、中国の進むべき道の経済建設における新たな構想に関係する。

一九九七年、江沢民は中国共産党の十五回大会報告の中で、これらの問題に対しまとめて回答した。

「公有制を主体とし、多種類の所有制経済を共に発展させる、これは我が国の社会主義初期段階の基本経済制度である」この基本経済制度の確立が、中国の発展途上における体制メカニズムの障害を取り除いた。この後中国は、持続可能な発展戦略、科学教育による国家振興戦略、西部大開発戦略、WTO加入などを含む、一連の意義ある戦略的措置を提出し、持続したすみやかで健全な発展に、堅固な基礎を築いた。同時に政治文明、精神文明、民族、宗教、統一戦線、軍隊建設、祖国統一、外交などの面で、多くの重大な措置を提出、実施し、中国の特色ある社会主義事業の新たな進展を力強く推し進めた。

中国は発展を続け、政権与党は時代の変化に対応していかなければならない。常に国の先進的生産力の発展条件、先進文化の前進の方向性、最大人民の根本的利益を体現していかなければならない。「三つの代表」の重要思想が、江沢民を中心とした第三代中央指導者たちの理論革新の象徴と魂になった。二〇〇二年、中国共産党の第十六回代表大会で、指導者たちの交替と引き継ぎが平穏に、スムーズに行われ、経済のさらなる発展、民主のさらなる健全化、科学教育のさらなる進歩、文化のさらなる繁栄、社会のさらなる調和、人民生活のさらなる豊かさ、といった全面的な小康社会の建設の努力目標が提言された。新しく選出された胡錦濤総書記は自分の態度を次のように表明した。「中国共産党の進むべき道は、鄧小平同志が開き、江沢民同志を中心とする党中央が堅持し発展させてきた中国の特色ある社会主義の道である」

二〇〇三年初め、何の予兆もなくSARSが広まり、中国の大地に猛威を振るった。これは新種の伝染病で、伝染力が強く特に有効な治療法はない。加えて中国は人口が多く、流動性が大きく、一部の地方や部門において突発的な公共衛生事件に対する準備不足もあり、疫病はたちまちのうちに中国の大部分の省、区、市に蔓延し、特に広東や北京は深刻な状況に陥った。

改革開放以来経済がすみやかに発展を続ける一方で、「ＳＡＲＳ」が制圧できず人々に深刻な脅威をもたらし、突発的事件が社会の各段階における発展の不均衡を明らかにした。厳しい現実が中国の指導者たちに突きつけられた。中国に必要なのはどういった発展なのか、どうすれば人々が満足できる発展を実現できるのか。

七月二十八日、胡錦濤は全国「ＳＡＲＳ」予防治療事業会議の席で、「我々の言う発展とは党の政治と国の振興における第一の重要任務であり、この発展とは決して経済成長だけを指すものではなく、経済建設を中心に、経済発展の基礎に基づき、社会の全面的発展を実現することである。我々は全面的発展、調和のとれた発展、持続可能な発展、という発展観をさらに堅持していく」と述べた。同年、中国共産党第十六回三中全会において、この発展観は「科学的発展観」と名付けられた。人を基本として樹立された、全面的で調和のとれた持続可能な発展観の堅持を、改革と建設の重要な指導方針及び原則とする。それにより「人を基本とする」ことが中国の進むべき道の核心的理念となる。発展は人民のためであり、人民に依拠し、その成果は人民が享受すべきであることを強調し、「誰による誰のための発展か」という問題に科学的に回答した。

科学的発展観の正式な提言は「ＳＡＲＳ」を契機としてもたらされた。中国は二十年余りに渡る改革開放を経て、経済社会の発展は転機を迎え、新しい矛盾と問題、新しい段階の特徴が現れてきている。たとえば、経済発展の規模が大きく、スピードは速いが、自主イノベーション能力が弱い、人民の生活レベルは全体的に上がったが、収入配分の格差が大きい、民主的法制度の確立と社会の発展条件が適応できていない、社会構造、社会組織の形成、社会の利益構造の各局面に深刻な変化が発生しているが、管理と建設が追いついていない、などである。科学的発展観とは、これらの問題を解決し、新しい情勢の下で新しい理論を実践し、イノベーションを実行することである。

国内的には科学的発展、調和のとれた発展を堅持し、対外的には平和的発展を堅持し、二つの面を密接に結びつけ、有機的に統一する。この考えに沿い、胡錦濤は調和の理念を世界にもたらした。二〇〇五年、主席は国連設立六十周年の首脳会議において、世界に対し次のように宣言した。「我々は、各国が社会制度と発展の道を自分たちで選ぶ権利を尊重し、それぞれの国が自国の国情に基づいて振興と発展を実現するのを後押しすべきである。平等かつ開かれた精神で、文明の多様性を守り、異なる文明間の対話と交流を進め、協力し合い、多様な文明を内包する調和のとれた世界を構築すべきだ」

二〇〇七年、胡錦濤は中国共産党の十七回大会の報告で、短い言葉で科学的発展観を的確に総括した。「科学的発展観の第一の意義は発展で、核心は人を基本とすること、基本条件は全面的で調和がとれ、持続可能であること、基本方法は統一的に計画し各方面に配慮することである」「全人民が教育を受けられ、労働による所得があり、医療が受けられ、老後の保障があり、住む家があるようにすることだ」胡錦濤のこの表現は、中国の今後の発展の青写真を、より明確により現実的に示した。

二〇〇八年、中国は比類ないすばらしい北京オリンピックを世界に提供した。中国選手は祖国で百年来の夢を実現した。懸命に奮闘して最多のメダルを獲得し、真実の、発展真っただ中の、情熱あふれる中国を世界中に見せつけた。中国はこの年、汶川大地震と国際金融危機を経験し、花束と名誉があり、同時に困難と試練もあったのだ。中国は危機に相対し、科学的発展の道を堅持し、開拓、蓄積、革新を継続し、理論と実践で「何が社会主義か、どのように社会主義を建設するのか」「どのような発展を実現し、どうやって発展するのか」などの重大な問題に答え続けた。前進する中で、中国人民は、自分たちが追い求める目標、遵守する原則、思考方法、中国の発展の未来図をより明確にし、自信を深めた。

二〇一二年十一月、中国共産党第十八回全国代表大会で新しく総書記に選出された習近平は、今後、中国人民を率いて中国の特色ある社会主義の道を走り続け「中国の夢」を持つことを表明した。根本的には「中国の夢」の実現は、国家富強、民族振興、人民の幸福の実現だ。具体的には「中国の夢」は現代化の夢であり、社会主義の夢、民族復興の夢なのだ。

風に乗り波を蹴立てて進む時

改革開放が今日まで進み、中国はすでにこれまでにない新しい高みに立ち、高台から遠方を望む雄大な気分と共に、顔をたたく疾風を感じている。経済発展における「一人勝ち」は皆から羨望され、様々な憶測を呼んでいる。錯綜する複雑な国際環境に直面しながら、中国の進む道がもたらした必然的な発展の成果は、「中国はなぜそれが可能なのか」という疑問にはっきりと答え、正しい発展の道の選択が国と人民に決定的な意義を与えることを明確に示した。

中国は、長きに渡る三十年余りの時間を経て、経済の年平均成長率が9％を超え、今では世界経済成長のエンジンとなった。現在、中国の経済総額は世界第二位、輸出入総額は世界第一位で、経済のグローバル化のプロセスに融合している。世界の政治と経済の発展状況が中国の発展に影響を及ぼし、中国の壮大な発展が必然的に世界に影響を与えている。

事実が証明しているように、中国の進む道とは中国の国情に合った発展の道で、それは近代以降、中国を救い、発展させてきた、異なる道から徐々に進化してきた歴史の成果である。それは、歴史を引受け、継承し、先人が探求した道の基礎の上に創り出したものだ。これは中国自身の道であり、改革開放三十余年の偉大な実践の中で生まれた道であり、中華人民共和国成立から六十年余り、探求を続ける中で見つけ出した道だ。そして、近代以降の百七十年余り、中華民族発展の過程の真摯な総括の中で見つけたものであり、中華民族五千年の悠久の文明の継承から生まれたものなのだ。深遠な歴史的淵源と広範な現実的基礎があるからこそ、中国の進む道に旺盛な生命力が現れたのだ。

この道に沿って、中華民族はすでに民族独立と人民の解放を実現し、中国人民の生活は小康のレベルまで達した。さらに八年経った、中国共産党成立百年の際には、中国は現代化を基本的に実現し、豊かで力強い民主文明と調和のとれた社会主義の現代国家を築き上げているだろう。

第四章
愛国主義か、民族主義か

中国の夢の実現には、中国精神の高揚が欠かせない。愛国主義を核心とする民族精神と改革開放を核心とする時代の精神が、全民族の「精・気・神」を奮い起こす。

——習近平

中国人は精・気・神を重んじる。（訳注①）人が生きるには精・気・神が必要だ。中華文明は数千年の長きに渡って続いてきたが、それは「中国精神」の結集の産物だ。これは国の魂であり、民の魂だ。習近平主席が中国人民を代表して中華民族の偉大な復興という「中国の夢」を提言した時、多くの人を驚かせた。これは新しい世代のリーダーの施政理念であり目標で、さらには十三億中国人の期待だった。全世界の二百余りの国と地域、数十億の人々がこれに注目した。全世界のメディアと視聴者が「中国の夢」と「中国の夢チーム」の分析を始めている。人々は「中国の夢」の提言に注目するのみならず、「中国の夢」の実現に関心を寄せている。世界が注目する「中国の夢」は今後、中国と中国人だけのものではなくなるだろう。

二〇一二年末、今年の言葉を選ぶ「漢語盤点二〇一二」のイベントが終了した。本命ともいえる「夢」の字が最終的に頭角を現し、二〇一二年の今年の漢字に選ばれた。イベントの公表結果では、漢字の「夢」は「オリンピックの夢」「宇宙飛行の夢」「空母の夢」「ノーベル賞の夢」で、これら中国人がずっと夢見てきたことが一つ一つ実現し、「夢」の漢字が現実に成就したからだ、と説明している。

宇宙飛行の夢、空母の夢の実現は、ハイテク分野で世界と肩を並べるという夢を徐々に実現しつつあることを示している。また、中国人作家の莫言が二〇一二年にノーベル文学賞を受賞したことは、中国人をたいへん感動させた。中国人が世界と分け合える精神的成果は、祖先が残した栄光だけでなく、今に生きる当代の中国文化にもあったのだ。まさに趙啓正が述べたように「『中国の夢』そのものが創造性に富んでおり、古典の復元ではない」のだ。（注①）イギリスのチャーチル前首相の「これは終わりではない。終わりの始まりですらない。しかし、これは始まりの終わりかもしれない」と言う言葉で、莫言がその比類なき文才によって中国にノーベル文学賞をもたらした意味を表すこともできる。

この三十年は中国経済の急速な発展の三十年だった。いくつもの輝かしい栄光が生み出されると同時に、我々の視野は狭まり、精神構造は功利主義に変わってしまった。中国の経済総額が世界第二位になったことは、中国の物質面での急速な発展を示しているだけで、精神面においてはまだ巨人とは言えないのだ。北京のスモッグから上海の黄浦江に違法投棄された豚の死体の問題まで、教育への不満から老人介護の心配まで、中国は現在、経済の急速な発展と同時に、道徳心などの大切な心の欠如、鬱病などの悪い結果が生じている。自分たちで起こした問題は自分たちで解決しなければならない。精神面の欠落は精神面の修復によって改善するしかない、まさに習近平主席が言うように、我々の発展目標を実現したいなら、物質的に強大になるだけでなく、精神的にも強大にならなければならない。「中国の夢」の提言は、まちがいなく「中国精神」高揚の正しい方法だ。

フランスの思想家ロマン・ローランはかつて「理想は原動力だ」と言った。中国共産党初期の指導者

訳注①　中国伝統医学で人体生命活動の三大要素とされる。広義の意味での「気」を指す。

注①『〝中国の夢〟は私利私欲の夢ではない』、『解放日報』二〇一三年六月二十七日

だった張聞天は「人生の理想とは、すなわち理想のための人生である」と言った。崇高な精神とは人類の理想の精神で、人類の崇高な追求を反映している。大多数の人々の願いと根源的な利益の凝縮で、社会発展の精神的支柱となり、活力をもたらす。「中国の夢」は一人一人の中国人の夢であり、中国の特色ある社会主義の共同理想を映し出し、億万の群衆の個人の理想を融合する、強大な「指針」「粘着剤」「凝集剤」の機能を備えている。

ドイツの軍事歴史学者であるクラウゼヴィッツはかつて「歴史が精神的要素の価値とその驚くべき作用を最もよく証明している」と述べた。中国の革命と建設が歩んできた苦難の道のりがその証明だ。十三億の中国人がしっかりと団結し、全民衆が心を一つにして革命を起こし、建設を進めてこられたのは、中華民族が共に培ってきた民族精神、共に団結する時代精神、共に守って来た理想と信念から離れはしなかったからだ。

貢献により夢を叶えた中国人

中華民族の悠久の歴史の流れの中で、愛国主義はいつも、全民族の強い結集力と戦闘力を呼び覚ます精神的パワーだった。外敵の侵入に対し共に敵愾心を燃やす時、国難や天災に対し一致団結する時、中華民族は愛国主義の旗印の下、危機や困難を乗り切る知恵とパワーをほとばしらせた。昔から今まで、中国人はいつも「天下」を心の中に持ち、「天下の興亡は匹夫も責あり」と常に自分の運命と祖国の命運を結び付けてきた。重大な時には、個人の利益や幸福、ひいては生死も顧みず、すべてを「天下」のため、国家のために捧げた。「いやしくも国に利すれば生死を以てす、あに禍福によりてこれを避趨するや」（訳注②）このような愛国主義の奉仕精神は、早くから中華民族の血の中に溶け込んでいた。まさにこの精神が中華民族の栄華を成就させたのだ。

「天行は健なり、君子以て自彊してやまず」（訳注③）中国史は一部の中国の先人たちがたゆまず励み、言語に絶する努力を続けてきた奮闘の歴史だ。伝説にある大禹による黄河の治水、「愚公山を移す」「精衛海をうずめる」（訳注④）から商の湯王の建国まで。春秋・戦国時代の百家争鳴からかつてない秦・漢・隋・唐の統一まで。元・明・清の時代から国民革命に発展するまで。我々は歴史の中に、鄭世昌の海上での日本との戦い（訳注⑤）、譚嗣同の正義のために死をもいとわない姿（訳注⑥）、また鄭成功の台湾奪回、

訳注②　国に利することであれば命を懸けて行う、自分の禍福を理由にそれを避けたりはしない。

訳注③　太陽が休むことなく動いているように、君子もたゆまず努力しなければならない、の意味。

訳注④　「愚公山を移す」：愚公という老人が、家の前の山を移そうと土を運び始めた。人々は愚かだと嘲笑したが、愚公は子孫がこの行いを引き継げばいつか山を動かせると、一向にひるまなかった。その志に感じ入った天帝が山を移動させたという故事。どんな困難なことでも努力すればいつか成就するというたとえ。毛沢東が演説で用いて有名になった。「精衛海をうずめる」：炎帝の娘が海で溺死し、「精衛」という小鳥になったが、自分を殺した海を埋めようと小石や小枝を運んで海に落としたという故事。転じて無謀な計画を立てて実現せずに終わること。

訳注⑤　日清戦争の時の北洋艦隊の提督。戦艦ごと日本の主力戦艦に激突。最後は二百余名の兵士と共に海に沈んだ。

訳注⑥　清朝末期の改革主義者、思想家。戊戌の政変で捕えられ刑死。

鄭和の七度にわたる西洋への航海を見ることができる。中国の盛衰には、これらの英雄の足跡が刻まれている。たゆみない懸命な努力の中、中国の先人たちは自信にあふれていた。魯迅が「昔から我々には、一心不乱に努力する人々、懸命に頑張る人々、民のために命を懸ける人々、法のために命をなげうつ人々がいて、当時の皇帝のために作家が書いた『正史』でさえ、彼らの輝きを隠しきれなかった。これが中国の姿だ」と述べた。

中国共産党は誕生以来、ずっと人民と一つになり、愛国主義の精神を旗印に、様々な試練に臨み、様々な困難に打ち勝ってきた。愛国主義が、中国のような多民族で人口の多い大国を結集させる絆となり、民族の生命力、創造力、結集力の重要な精神的支柱となった。

新中国成立後、着手しなければならないことが山積しており、祖国建設のための人材が急ぎ必要となった。銭学森は当時すでに世界が認める力学、核物理学の権威で、現代航空科学とロケット技術の先駆者であり、アメリカで恵まれた仕事と生活環境を享受していた。祖国の要請を耳にし、祖国が自分を必要としていることを知った時、彼は数々の障害を乗り越え、毅然として帰国し、中国と共に原爆、弾道ミサイル、人工衛星の研究事業に身を投じた。彼らの努力は大きな成功を収め、中国のハイテクはブレイクスルーを成し遂げた。初めての原子爆弾の爆発から弾道ミサイルの研究開発の成功まで、アメリカは十三年を要したが、中国はわずか二年余りで成し遂げ世界を驚嘆させた。それは銭学森を代表とするその時代の愛国知識人グループによるものだった。

王進喜は「愛国、創業、求実（実質的なものを求める）、奉仕」の大慶精神の代表だ。六十年代初め、石油が少ないと言われていた中国に、吉報が伝わった。東北で大慶油田が発見されたのだ。王進喜を代表とする大慶の労働者たちは、道路もなく、車も足りない、衣食住すべてに問題のある状況で、人力で井戸掘り機械を現地に運び、「たとえ二十年命が縮もうとも、大油田を見つけてみせる」という強い精神で、連日連夜懸命に働き、大慶最初の油井を掘り当てた。中国には石油がないというレッテルは一挙にはがされ、中国の基幹工業建設に不朽の功績を残した。大慶油田は、長年に渡り中国の経済発展に必要な石油を産出したばかりでなくより重要なのは、「たとえ条件が悪くともやってみせる」という英雄グループを育て上げ、中国の工業を推進する「大慶精神」を育てたことだ。王進喜が率いていた一二〇五掘削隊の今の隊長は名を胡志強というが、石油に従事する者として彼の「中国の夢」は多くの油田、良い油田を掘り、多くの石油を産出し、良い石油を産出することだ。今年は一二〇五掘削隊が組織されて六十年で、六十年間「鉄人精神」に牽引されて新記録を作り続け、現在掘削距離は累計で二百五十八万メートル、エベレスト二百九十一個分に相当する。一二〇五掘削隊は、大慶だけでなく、中国で、さらには国外でも油田を掘っている。

「大寨精神」は中華民族の勤勉で勇敢、自彊不息の精神の表れで、中国農業発展の旗印だ。新中国成立初期、貧窮し立ち遅れていた大寨の人々は、二本の腕と肩、一本のスキと二つのかごだけを頼りに昼夜を分かたず刻苦奮闘し、十年の月日をかけていくつもの谷と尾根、大きな斜面の広がる大寨を大改造し、自分たちの衣食住の問題を解決しただけでなく、余った穀物を政府に差し出した。「大寨精神」は、中国が貧困と立ち遅れから抜け出そうと奮闘していた、苦しい創業の時代に生まれたものだ。今日、中国は発展したが、刻苦奮闘の精神の発揚は必要だ。今も大寨では「大寨精神」を発揚しつつ時代と共に前進し、多角経営を実現し、村民は共に豊かになり、「五つの『有る』」が実現した。すなわち、「子供には教育がある」幼稚園から小学校まですべて無料。「老後の保障がある」六十歳以上の老人は毎月年金がもらえる。「暖房の保障がある」毎年冬には各家に石炭が支給される。「病気に支えがある」全村民が合作医療保険に加入。「入試に奨学金がある」大学や専門学校に合格した学生は、毎年奨学金がもらえる。

偉大な事業には崇高な精神が必要で、また逆にそれを生み出しもする。崇高な精神が偉大な事業を支え、後押しする。「中国精神」結集の下、中国は八年の苦難の抗日戦争のすえに新中国を成立させた。社会主義の建設には、崇高な「中国精神」の支えと後押しがどうしても必要だ。この崇高な精神の後押しがあってこそ、雷鋒、焦裕禄、孔繁森らが現れたのだ。（訳注⑦）平和な環境の下では銃弾が飛び交うような経験もなく、流血の自己犠牲もないが、「中国精神」は今も存在し、模範的人物が与える影響は計り知れない。平凡な人が平凡な仕事において非凡な貢献を為すのは、愛国主義を核心とした民族精神の賜物だ。鄧小平はかつて「中国人民は立ち上がる力があるのだから、世界の数多い民族の中で抜きん出る力があるはずだ」と述べた。（注②）江沢民は、中央共産党第十六回大会の報告で「民族精神は一つの民族が生存し発展していくための精神的支柱である。奮闘の精神と高尚な品格がなければ、世界の民族の中で自立していくことはできない」と述べた。中華民族の自彊不息の民族精神が、国内の各民族及び各階層の間の隙間を埋め、強い民族の帰属感、結集力、向上心を形成することができる。緊急時、重要な時期、重大な事件の際に、この偉大な民族精神がより顕在化する。汶川、舟曲の被災地救援活動における「一地方の困難は、八方から支援しよう」のスローガンから、国際金融危機の打撃を受けた際の「従業員を放り出すな、困難を従業員の家庭にもたらすな」のスローガンまで、愛国主義の旗印の下、十三億の中国人がまっすぐに背筋を伸ばし、民族復興の精神の碑を作り上げたのだ。「中国の夢」実現の長い道のりにおいて、愛国主義を核心とする民族精神を大きく高揚させれば、最大限度までコンセンサスが凝集され、心が一つになり、社会の発展と進歩を推進する強大なエネルギーを生み出すだろう。

今日、経済のグローバル化と情報技術革命の日進月歩が国際競争を激化している。国内の改革のたゆまぬ深化、利益調整によって矛盾をより明確にする必要がある。西側の価値観が浸透を続け、道徳面で

訳注⑦　雷峰：中国人民解放軍の兵士。一九六二年、作業中に電柱の下敷きになり二十二歳で殉職。後に毛沢東によって模範兵士として大きく取り上げられた。
焦裕禄：元河南省蘭考県の共産党委員会書記。民衆と団結して風砂などの災害に取り組んだ。一九六四年、病死。後に模範的幹部として人民日報で取り上げられた。
孔繁森：元チベット自治区阿里地委員会書記。チベットで地元住民と共に水利事業などに取り組んだ。一九九四年、交通事故で死亡。後に江沢民によって共産党員の模範として讃えられた。

注　②　『中共中央政治局への手紙』（一九八九年九月四日）、『鄧小平文選』第三巻三一三ページ　人民出版社一九九三年版

これまでにない様々な衝突が噴出している。このような大きな背景の下、愛国主義を核とする民族精神結集の重要さがより明確になっている。

彼らは中国の誇りだ

発展は革新と切り離すことができず、革新とは発展を意味する。現代の革新理論の基礎を築いたシュンペーターの解釈によると、革新は新しい生産関数を生み、これまでになかった生産要素と生産条件に関する新しい組合せを生産体系に導入するものだ。改革開放以降、思想の解放によって、中国人の精神が奮い立ち、生産力が大きく発展し、各業界の様相は大きく変わり、中国経済の地位は急速に向上した。ノーベル経済学賞受賞者のアーサー・ルイス氏はかつて次のように指摘した。「経済発展の基本要素には、自然資源、資本、知力、技術が含まれる。辺境地域では利益が逓減するという規則性の影響を受け、自然資源と資本の経済発展への貢献度が逓減する」長期的に見れば、経済発展は最終的に人の創造力と技術によって決まる。現在、中国経済の発展はちょうど資源による推進、投資による推進から、革新による推進への経済的転換期にさしかかっており、経済の革新が自然と発展転換型実現の唯一の選択肢になっている。中国共産党の第十八回大会報告が強調しているのが、常に改革革新の精神を政治の各段階まで徹底し、理論革新、制度革新、科学技術革新、文化革新、及びその他各方面における革新を継続して推進し、全力で改革革新の精神を発揚し、革新型国家の建設を推進する、これが科学的発展実現の進むべき道なのだ。

人にとって食は毎日のことである。中国十三億人が毎日一斤の穀物を食べるとして、十三億斤が必要になる。この穀物を一トン船に積んだとして六十五隻必要で、鉄道運輸だと車両二百六十両余りになる。中国の食糧供給問題解決はとてつもなく大きな問題だ。中国のハイブリッド米の専門家である袁隆平の夢は、中国農業の夢でもある。「ハイブリッド米の父」と呼ばれた袁隆平の人生には二つの夢があった。一つは丈がコーリャンのように高く、稲穂はホウキのように長く、米粒はピーナッツのように大きなスーパー・ハイブリッド米を開発し、その稲の下に座ってのんびりと涼をとるのだ。もう一つの夢は、ハイブリッド米を世界に広めることだ。「これが私の『中国の夢』で、前者は私が本当に見た夢で、後者は私の長年の夢です。この二つの夢を叶えることが私の人生の目標なのです」。袁隆平はこう述べた。現在、彼が植えた第三期スーパー・ハイブリッド米は、すでに一ムー当たり九百斤の目標を実現し、二〇一三年四月には一ムー当たり一千斤の第四期スーパー・ハイブリッド米生育計画を開始した。「科学技術の進歩に終わりはありません。一ムー当たり一千斤では私は満足できません。生きている間に、第五期、第六期スーパー・ハイブリッド米の生育に向けて前進し、稲の下で涼をとるという夢を実現したいのです」と袁氏は述べた。国際水稲研究所所長で、インドの前農業部長であるスワミナサン博士は「我々は袁隆平氏を『スーパー・ハイブリッドの父』と呼びます。彼の成功は中国だけでなく世界中が誇るべきことで、氏は人類に福音をもたらしたのです」と述べた。

中国の「神舟」シリーズの宇宙船が次々に打ち上げられ、中国人の宇宙飛行の夢を叶えた。これによって、楊利偉をリーダーとする宇宙飛行士たちは世界から認められるようになり、スター級の宇宙飛行士となった。スターたちの輝きの背後には、中国宇宙事業の急速な発展があり、それは中国の自主イノベーションの成果の現れだった。「神舟十号」宇宙船は、中国の十回目の「神舟」宇宙船打ち上げで、五回目の有人飛行だった。二〇一三年六月十一日、発射、宇宙空間到達後、目標機の「天宮一号」とドッキング、ドッキング完了後のミッションは宇宙実験室の造営になるが、これは初めての有人往復輸送システムの応用型飛行になる。「神舟十号」は十五日間の軌道飛行と、中国初の宇宙飛行士による宇宙からの授業を行った。六月二十六日、三名の宇宙飛行士を乗せた「神舟十号」は無事に地上に帰って来た。「今回のミッションは、私の子供の頃からの二つの夢を叶えてくれました。一つは宇宙飛行の夢で、もう一つは教師になる夢で、しかも宇宙と地上の間で授業をすることができました」。女性宇宙飛行士の王亜平はこう話し、さらに「全国の青少年の皆さんにすばらしい夢を持ってほしいと思います。夢があれば成功できます」と続けた。「神舟十号」の打ち上げ、「天宮一号」とのドッキングなどのミッション完了後、中国は全面的に宇宙実験室と宇宙ステーションの研究開発段階に突入した。一九四九年以降、中国の航空産業は完全に自国の力で進めており、「神舟」宇宙船は、中国が独自に研究開発したもので、完全な自分たちの知的所有権を持っており、国際的な第三世代有人宇宙船技術による宇宙船のレベルに達し、あるいはすでにそれを超えている。中国人は、独自の研究開発によって最先端の科学技術を掌握することができたと誇りを持って言っていいのだ。宇宙精神とはすなわち中国の自主イノベーションの重要精神なのだ。

青蔵鉄道（青海チベット鉄道）は、世界で最も海抜が高く線路の長い高原鉄道で、「天路（天空の道）」と呼ばれている。東は青海の西寧市に始まり、南はチベットのラサに至り、全長千九百五十六キロになる。途中タングラ山を越えなければならず、最高地点は海抜五千七十二メートルで、さらにチベット自治区のアムド、ナクチュ、羊八井を通ってラサに至る。海抜四千メートル以上の区間が合計九百六十キロで、永久凍土の区間は五百五十キロに上る。工事は一九五〇年代に始まったが、中国は科学技術の力を結集し、大量の実験と研究を行い、自主イノベーションによって永久凍土、高地で寒冷で酸素不足、生態系が脆弱といった工事における三つの世界的難題を克服した。またそれだけでなく、高原の真っ青な空、澄みきった湖、稀少な野生動物を守るため、青蔵鉄道は環境保護だけで工事の全投資額の八%を占める二十億元の費用を投入した。これはこれまでの鉄道工事の中で、中国政府が環境保護に投じた費用として最高額になる。青蔵鉄道は国内で初めて、鉄道沿線の野生動物の移動習性の研究を系統的に行い、百キロ余りの獣道を整えた。また、イノベーションによって中国の海抜の高い地域における植生回復研究とプロジェクトを実施した。もちろん、高原における鉄道建設は世界初のことだった。

一九八四年、四十歳の柳伝志は「ハイテク産業化」にチャレンジしたいという夢を胸に、十一名の科学研究員と、中国科学院計算機研究所内の二十平方メートル足らずの小さな平屋にレノボ社を設立した。三十年近い年月をかけ、科学技術イノベーションによって、登録資金わずか二十万元の小さな会社から、年商三百億ドルの巨大企業、レノボグループへと成長し、世界の群雄ひしめくパソコン業界のトップに立つようになった。現在、レノボグループは百六十の国で事業を展開し、六十四の主な国と地域に支社を配置し、十一の製造拠点を持っている。欧米及びアジアの三つの場所に研究開発センターを設置し、一気に世界トップ企業五百に名を連ねるようになった。ヒューレット・パッカード、デルなどかつてのＩＴの巨頭がいかにしてＰＣ業務の比率を削ろうかと画策している時、レノボグループの柳伝志名誉会長はトップの愉悦に浸っていた。レノボの成功は一日にして成ったものではない。過去に経験した苦労について、柳伝志は「レノボが危機一髪の事態に遭遇した時も私は踏ん張ることができた。なぜなら私には使命感があったからだ」と述べた。彼はレノボが「民族の企業として大旗を高々と掲げていく」と強く信じ続けてきたからだ。「創業とは前に進む列車のようなもので、絶えず人が乗り降りしていて、いつも誰かがもっと遠くへ行きたがっている。もしあなたが人より大きなことをしたいのなら、人より一生懸命準備しなければならない」柳伝志はこう考える。彼の有名な「困難は数えきれないほどあったが、動揺したことなど一度もない」の言葉の通りなのだ。今日、レノボが真の国際的企業に成長し、「中国の企業軍団」を世界へと導き融合させる「先導者」となったのは疑いのないことだ。

北京の北西部に「中国のシリコンバレー」の名を持つ中関村がある。二十世紀初頭の八十年代初め、中関村は「電気の町」で、中国のハイテク事業を開拓してやろうという人たちがここに集まり、国外から輸入した各種電子製品の部品を組み立てて消費者に販売していたが、ほとんど何の研究開発もイノベーション能力もなかった。しかし今日、ここは中国初の国家レベルハイテク産業開発区、中国初の国家自主イノベーションモデル地区、中国最大のハイテクパークに成長し、規模の上ではアメリカの「シリコンバレー」にひけをとらない。ここで生産される製品の九割以上が世界の先進レベルに達している。中関村で、意の向くままにどこかの会社の開発研究部門のドアを開けてみると、研究員の手にある科学研究プロジェクトに驚かされる。彼らの従事する研究開発プロジェクトが世界の最先端技術を超えているからだ。

漢王科学技術株式有限公司のエンジニアである張浩鵬の紹介によると、現在市場の八十％以上の手書き入力機能付き携帯電話に採用されているのが、漢王科学技術公司が研究開発した手書き識別技術だという。長年にわたり漢王科技は売り上げの約一割を新製品の開発に使ってきた。現在、漢王科技は手書きによる漢字の識別、交通管理のスマート化、スマートフォンなどの技術開発において、重大なブレイクスルーを成し遂げ、様々な種類の独自の知的財産を持ち、総合技術レベルは国内外どちらにおいてもトップクラスだ。

漢王科技のように自主イノベーションによって成功を手に入れた中国企業は、中関村では少なくない。中関村サイエンスパーク管理委員会の関係責任者によると、毎年企業が新技術の研究開発に投資する額は、国際的には売り上げの五～八％だという。現在、中関村パークには一・七万社の企業が集まっているが、彼らの研究開発への投資額はほとんどがこの比率を超えている。「中関村が優勢を誇る技術はかなりはっきりしていて、一つは携帯電話、MP3、MP4など個人用端末製品の設計を含む集積回路設計だ。これ以外に、バイオ医薬分野でも中関村は非常に強い技術的基礎を持っている」とある関係者は話す。

北京科興生物製品有限公司は、現在すでにバイオ医薬分野のリーダーだ。二十世紀末、中国はまだ自分たちの手でA型肝炎不活化ワクチンを研究開発できていなかった。中国の子供たちは他の国が研究開発したワクチンを使うしかなかった。このことが科興バイオの責任者である尹衛東のイノベーションへの情熱をかきたてた。彼は中国の子供たちに、中国が独自で開発した高品質のA型肝炎不活性化ワクチンを使ってもらおうと決意した。一九九九年、長年にわたる努力により、尹衛東と彼のチームはついに中国初の独自の研究によるA型肝炎不活性化ワクチンを開発した。ワクチンの大量生産を実現するため、彼らは巨額の資金を使い専業化の設計方案を制定し、厳格に国際基準に基づいてワクチン生産基地を設立し、同時にワクチンの研究開発プラットフォームを構築した。このプラットフォームは「SARS」ワクチンとヒト感染型鳥インフルエンザワクチンの研究開発の過程で重要な役割を果たした。

中華文明の歴史は長く、「中国精神」はやむことなく息づき、中華民族が勇敢に前進する道を照らす消えることのない灯台である。今日、中国は社会的転換期、改革攻略期に入り、精神パワーの役割が徐々に突出してきている。中国は世界へ、現代化へ、未来へ向かう途上にあり、改革・革新が「中国精神」

の主旋律となり、改革・革新を核心とする開拓進取、求真務実（現実をみつめて実務に励む）、奮勇争先（先へ進もうと奮闘する）の時代精神が、この時代の中国人の重要な思想観念と価値観になっている。同時に世界の潮流も「中国精神」の中に融合している。

中国がすでに歴史上これまでにないほど高いプラットフォームに立っているとはいえ、現在、小康社会の全面的建設、改革開放の全面的深化の実施途上にあり、今も多くの困難や試練に直面しており、改革・革新をさらに一歩進めることが、目の前の問題を解決する唯一の手掛かりとなっている。改革革新が完成しなければ、歴史の新たなスタート地点にいる中国は、「中国の夢」実現の長い道のりにおいて、今後、その難度がさらに増すことになるだろう。思想観念の障害の突破、利益固定化の壁の打破、あるいは発展の難題解決、改革の利益の放出、いずれにせよ改革・革新精神の発揚が必要だ。山が立ちふさがれば道を開き、川が行く手を遮れば橋を架け、困難を乗り越えて進むのだ。今この時に、改革精神とイノベーション思考だけが、新しい思考によって新たな状況を研究し、新しい方法で新しい問題を解決し、新しい措置によって新しい局面を切り開くことができる。そして発展の難題を解決し、改革開放の深化のために強い持久性を具えた精神パワーを与えることができるのだ。

すさまじい勢いで改革が行われる中で、中華民族は愛国主義を核心とする民族精神をさらに発揚し、改革・革新を主とする時代の精神と合流させて一つに融合し、目も眩むような光を放ち、原子核分裂のような巨大なエネルギーを放出するのだ。長きにわたる愛国主義の伝統と厚みのある歴史の基盤を兼ね備え、時代と共に前進する改革・革新の実践と、斬新な時代の内実を兼ね備えている、これが「中国精神」であり、現代中国と中華民族精神の姿なのだ。

「中国精神」と「中国の夢」

民族精神と時代の精神は、一つの民族が世界の多くの民族の中で生存し発展を続けるための精神的支柱である。「中国精神」が「中国の夢」実現のための力を結集する。

一九八七年に深圳に誕生した華為技術有限公司（ファーウェイ）は、二万元の資金、十数名のメンバーで起業した農村の電話交換機設備の販売業者だが、今日では営業利益三、四百億ドルの世界をリードする情報及び通信ソリューションのサプライヤーとなった。現在、ファーウェイの製品及びソリューションは世界百四十以上の国々で運用され、世界の三分の一の人々にサービスを提供している。

ファーウェイのリーダーである任正非は貧しい家庭に育った、たいへん控えめな人物である。中国の多くの民営企業家には貧困の影が見え隠れする。そして、彼らの苦労と忍耐の経験、堅忍不抜の精神が、創業期の猛烈な精神力と団結力の源になっている。

ある時、任正非と同僚の乗っていた車がぬかるみにはまってしまった。一番に車から降りたのは任正非で、靴と靴下を脱ぐとぬかるみの中に入って車を押し始めた。従業員たちはそれを見て次々に車を降り、皆で力を合わせて車をぬかるみから押し出した。多くの古参の従業員たちは、当時の光景を思い出すと尊敬の念が湧き上がる。任正非のこういった自ら率先して行動する精神が、物資が極度に欠乏していた当時の会社の劣勢を補い、ファーウェイの従業員たちを全力で仕事に打ち込ませ、すばらしい夢の実現のために心を一つにさせたのだ。

任正非は以前次のように述べた。「ファーウェイには後ろ盾がなく、これといった資源もなく、頼れるものもない。精励して経営にあたり、人に頼らず自力で努力し、刻苦奮闘するしかないのだ。いかなる時も外からの誤解や疑いによってファーウェイの奮闘文化が動揺することはなく、いかなる時もファーウェイが大きくなったからといって、ファーウェイの基本である刻苦奮闘の精神を失うことはない。それはファーウェイの魂だ」ファーウェイの従業員たちはもっとわかりやすく「心の中に愛があるからだ。この愛とは、顧客や同僚、家族に対する思いやりや誠実さに表現されるだけでなく、祖国、そして会社に対する情熱と忠誠心にも表れる」と話した。ファーウェイ従業員の姿には追求、理想、「中国精神」を内包する企業文化と企業精神が現れている。

三十年間林業に携わってきた李慶会の最大の夢は「青い空と緑の森、清らかな水の流れる美しい自然」である。甘粛省張掖市にあるバダインジャラン砂漠の、黄色一色の光景の中にある一列の緑色が人目を引く。それはポプラの林だ。これは李慶会が現地の農民を率いて植樹した平川鎮のプロジェクトで、個人による砂漠植林モデルスポットである。李慶会は、「ここで木を育てるのは赤ん坊を育てるより難しい。だが、ポプラは土壌を選ばず、環境も選ばない。劣悪な環境でも変わらずよく成長する。陽樹は『贅沢で自堕落』な木ではないのだ」と述べた。李慶会は一九八六年に甘粛省農業大学林学院卒業後、ずっと林業の科学的研究と管理事業に従事してきた。彼は、自分の夢の実現について「それは苦難の過程で、二、三十年の時が必要だ。だが、私の夢は必ず実現する」と話した。

祖国から遠く離れた南スーダンで、第一線で平和維持のための堅い守りを続ける中国南スーダン平和維持活動第十大隊の二百七十五名の政府軍の兵たちは、テレビやインターネットなどのメディアを通して「中国の夢」の報道を目にし、平和に献身し、世界平和維持の一助となるのだとの使命感をさらに強めていた。

初めて平和維持活動に参加した政府工兵部隊隊長の徐孟琳は、「飛行機から降りると、滑走路の片側の灌木の林の中に横たわる二機の撃墜された飛行機の残骸が目に入った。車に乗ってＰＫＯの駐屯地に向かう途中で銃を手にした武装人員を何度も目にした。駐屯地周辺では各種の防衛工事が行われ、高い場所に有刺鉄線が張られており、我々はここが戦いと硝煙の充満する土地であることを常に感じさせられている」と話した。戦争の残酷さを目の当たりにし、平和の尊さを知った。徐孟琳と戦友たちの心の中には、平和と安定のない環境ではすべては意味を持たず、中華民族の偉大な復興という「中国の夢」も実現できなくなるという思いが一層強くなった。すでに四度目のＰＫＯ参加となるエンジニアの梁雲海は、中国の国際的地位が上がるにつれて、多くの外国の友人たちが彼らに向けて親指を立て、中国が「世界の舞台の中央」に歩み出てきたことを讃えてくれるようになったと言う。勤勉で聡明な中国人民は今後新たな奇跡を創造し続けるだろう。植樹技術の伝授、道路建設の支援、日用品の寄付……中国のPKO隊員たちは、異国で行動によって平和を伝え、真心で友情を潤し、現地の民衆の信頼と支持を得て、多くの人々の心に美しい「中国の夢」の苗を植えた。「『中国の夢』と我々一人一人は強く結びつき、その実現に皆が生きがいを感じている。平和維持活動の軍人として我々の堅固な守りと貢献は『中国の夢』実現のためのものなのだ」大隊長の霍洪凱はこう述べた。

中華民族の悠久の歴史の中で、いつの時も愛国主義が民族精神を発露させ、中華民族を一つに団結させる核心的パワーとなってきた。時代の精神とは、民族精神継承の基礎の上に、時代の変化に適応し、時代の発展をリードする一種の精神的パワーであり、改革解放の実践のプロセスの中で育まれ形成されてきたものだ。民族精神と時代の精神は中華民族の強大な精神的支柱で、両者が共に支え合い、融合し、手本とし合い、共に「中国精神」を構成している。そして、民族の生命力、創造力、結合力の中に深く溶け込んでいる。

「中国の夢」実現の新たな長い道のりの中で、偉大な「中国精神」を大々的に発揚し、中国人の興国の魂と強国の魂を現代化のプロセスに融合すれば、中国は必ずや生気に満ち溢れ、未来に向けて前進し、中国の特色ある社会主義の新天地を開拓していくだろう。

終章

夢の成就へ——残りの道のり

新しい歴史の時代において、中国の夢の本質は国家の富強、民族の振興、人民の幸福だ。我々の努力目標は、2020年までに国内総生産と国民の一人当たり所得を2010年の2倍にし、小康社会を全面的に建設し、今世紀の中頃までに、富強、民主的、文明的で調和のとれた社会主義現代国家を建設し、中華民族の偉大な復興の夢を実現することだ。

——習近平

五千年の文明が「中国の夢」に重厚な歴史的蓄積を与え、新中国の現代文明が「中国の夢」に翼を添えた。現在の中国は、「神舟十号」打ち上げ、深海潜水艦「蛟竜号」の進水と共に、夢の実現に最も近い場所に来ている。しかし、夢は依然として夢のままで、最終的にまだ現実にはなりきっていない。

改革開放の深化につれて、中国経済は極めて大きな発展を遂げたが、なおも「中国の夢」の実現を支えるには足りない。人民の生活水準も大幅に向上したが、まだ全面的な小康社会には達していない。現実の住居、老人介護、食品、環境、教育など一連の問題が一般民衆の幸福感を希薄にしており、「中国の夢」は一般国民と近くもあり遠くもあると言える。

二〇一〇年、中国はＧＤＰ総額で日本を抜き、世界第二位の大経済体となった。特に世界経済低迷のこの時期、中国経済の発展はますます世界から注目されている。二〇一二年十二月、国連経済社会局が公布した『二〇一三年世界経済の現状と展望』によると、二〇一三年の世界経済の成長はこのまま低迷が続くと予想され、その後の二年間に再び衰退する危険性がきわめて高いという。中国は二〇一二年の経済成長が七・八％で、ここ数年では最低水準ではあるが、依然として各国から羨望される成長を続けている。モルガン・スタンレー・アジアの前会長スティーブン・ローチは「成長の原動力が必要な世界において、バランスのとれた発展を続ける中国経済が他の国々に大きなチャンスを与えている」と述べた。

中国の経済総額の優位性は明らかで、成長も速い。しかしながら一人当たり所得は低く、産業構造は合理化されておらず、地域の発展が不均衡、都市と農村の格差は広がるばかりで、これらがますます中国経済発展の大きな足かせとなり、「中国の夢」実現の障害となっている。

一人当たり所得の低下がもたらす直接的結果は消費の低迷で、投資と消費は中国経済成長の二大源泉だが、近年は消費と収入の最大の矛盾が不動産購買力に表れている。落ち着ける家があってこそ楽しく働くことができる。これは人民の幸福の前提条件だ。この点を踏まえ、中国政府は再三不動産への管理を強め、不動産市場を健全で秩序ある発展へと誘導している。一方で投機性のある不動産購買行為を制限する政策を制定し、Ｍ２（マネーサプライにおける通貨の範囲。現金と国内預金を合計したもの）の伸びを引き締め、二十％の中古住宅所得税を徴収している。また一方で今後、保障性住宅を増やし、格安賃貸住宅の建設を加速し、保障性住宅の恩恵をさらに広範囲の階層に拡大していく。

「新鮮な空気を吸い、きれいな水が飲める」、人民に健康的な居住環境を与え、青い空と白い雲の下で幸福な生活を送らせる、これも「中国の夢」の重要な願いだ。二〇一三年一月以降、中国北方の多くの場所で、ＰＭ二・五の基準値を超える厳しい表示が現れた。深刻な大気汚染である。全人大代表で中国工程院院士、呼吸系統疾患専門家の鐘南山は、「大気汚染は呼吸系統だけでなく、神経系統や心臓血管系統にも危害を与え、肺癌とも密接に関係する」と述べた。

粗放型経済成長の必然的結果として、資源の過度な略奪、環境の過度な破壊がある。資源がどんどん枯渇し、環境汚染が日々深刻さを増し、生態系統の退化が進むという厳しい状況にあって、中国共産党第十八回大会報告で初めて一章を使って生態文明について論述し、「エコ発展、循環型発展、低炭素型発展」及び「美しい中国の建設」を提言し、エコロジー文明建設を特別に位置づけした。

「中国の夢」の実現、人民の幸福には、住宅だけではなく環境という条件が必要だ。教育と医療も人民の幸福に欠くことができない。良い教育と医療環境がなければ、幸福の質はかなり下がってしまう。現段階で、教育における問題はかなり多い。素養教育と受験教育の矛盾が突出しており、また学術や科学研究の水準は低い。医療問題も多く、医師と患者の関係性の問題、また一般庶民がなかなか治療を受けられないなどの問題があり、中国社会の調和と安定を妨げている。これら民生問題の解決は、「中国の夢」実現の道のりにある避けては通れない大きなくぼみとなっている。

「中国の夢」の長い巻物はすでに広げられた。国家の夢というテーマの下、地方政府は今後五年間の業績表を入念に吟味し、五年分の発展のロードマップを描き、「中国の夢」の青写真をより具体的に描き出した。

比較的発達している東部地区は、イノベーション主導型戦略を発展全体の核心に置き、モデルチェンジによるレベルアップ、イノベーションによる主導を強調している。たとえば上海は、自主イノベーション能力の増強を構造改革、モデルチェンジの中心に位置づけ、知的財産権戦略を実施し、五年後には一万人当たりの知的所有権所有数を四十件にする予定だ。浙江省は五年間努力し、全省の研究及び試験経費の支出額、研究開発人員数、発明特許取得件数、一定規模以上の工業新製品の生産高とハイテク技術産業の生産高などの「五倍増」を実現する計画だ。天津は五年かけて総生産高に占める研究及び試験の発展経費の割合を三％以上に高め、「最終兵器」と呼べる製品を持つ科学技術の小さな巨人となる企業をより多く生み出したいと考えている。広東は「自主イノベーションこそが弱点突破の鍵」だと考え、「改革は広東の根であり魂だ」と強調する。広東は行政体制改革の深化を決定し、行政審査批判制度改革の先行、試行を推進し、市と県の行政審査項目を約四〇%圧縮する。

中西部地区、特に西部地区も立ち遅れてはいられない。今後五年の経済成長予想は比較的高く、一般的に約十二%である。これらの省は「二〇二〇年までに中国全土と歩調を合わせ、小康社会を全面的に建設する」を原動力とし、雲南は「後発ながら追いつき追い越せ」、貴州は「低地から跳び出そう」、甘粛省は「飛躍的発展」をスローガンとしている。安徽省は五年後の経済総額、都市と農村住民の一人当たり所得を二〇一二年の倍にする計画で、戦略的振興産業の増加値とサービス業の増加値は二倍以上としている。江西、陝西などの省は五年後に、経済総額、財政収入、住民の収入の「三つの二倍」を実現したいと力を入れている。寧夏省は五年後の生産総額、地方公共財政予算収入、全社会の固定資産投資、社会消費財小売総額などの指標を倍にしようと力を入れている。

「旧四つの変化」（工業の現代化、農業の現代化、国防の現代化、科学技術の現代化）から「新四つの変化」（新型工業化、情報化、都市化、農業の現代化）までの道は、中国が現代化を実現するために必ず通らなければならない道だ。各地域はおしなべて都市化戦略を重視していたが、都市化とは単純な「プロジェクトに土地を使い、農民を高いビルに住まわせる」ことではなく、将来の中国の都市化の核心は「人」の都市化でなければならず、「人」の生活の質を高めることでなければならない。山東省は都市化を内需拡大の最大の牽引力とし、都市化の「質の向上を加速、都市と農村の一体化」活動を始動し、事業の力点を中小都市及び郊外の小都市の発展においている。河北省も都市化を内需拡大の最大の潜在力とし、中長期計画によってトップが牽引力を発揮し、都市化の発展をスピード重視から質の向上へと転換させる。「農民が進歩でき、かつそのまま留まることができれば、発展をより進めることができる」二〇一三年、山西省は戸籍制度改革の実施意見を計画、公布し、居住証制度を推進し、社会保障、子供の進学、保障性住宅などの問題を解決し、農業からの転移人口の市民化を系統立てて推進する。

中国は今後、GDPをバランスのとれた発展の重要指標とはせず、それに代わるのが「美しい中国」の追求だ。北京の次の汚染対策の重点には、大気汚染対策、PM二・五対策、石炭消費の削減、エコカーへの乗り換え、降下煤塵対策、空気中の汚染濃度平均値の二%低下などが含まれている。十八万台の旧式エンジン搭載車両を淘汰し、バス、環境衛生、政府機関では新エネルギー自動車の使用を推進する。都市部の一六〇〇×六〇万キロカロリーの石炭ボイラー、四・四万戸の平屋の暖房設備のクリーンエネルギー仕様への改造を完了し、基本的な中心街区の「非石炭化」を実現する。内モンゴル自治区ではエネルギー消費総量抑制案及び関連措置が計画、公布され、エネルギー排出量取引が試験的に研究、実施されている。森林草原の炭素吸収源基地が建設され、カーボンバランス取引が推進され、当該地区の豊富な炭素吸収源を充分に利用し始めている。チベットは鉱物資源、水力発電などの資源開発における生態補償メカニズムを試験的に展開している。福建省はエコ生態バリアの構築、重大な生態修復プロジェクトの実施、生物の多様性の保護、鉱山資源開発の秩序の規範化、四百万ムーの水土流失対策などの課題を打ち出している。

「険しい関所を越えいばらの道を行く」昨日はすでに過ぎ去り、「この世の正道は大海のように激しく移り変わる」今を前進し、「風に乗り波を蹴立てて進む時」の明日が中国人を持っている。「百里を行く者は九十里を半ばとする」と言うが、中国人が今日ほど自分たちの追い求める夢に近づいたことはかつてなかった。進む道の途上に様々な困難や紆余曲折があろうとも、中国の発展の道に沿って勇敢に前進するだけだ。中華民族の偉大な復興の日は近い！

編著者紹介

任暁駟（にん ぎょうし）

長期に渡り国際報道に従事してきた経験豊富な学識経験者、外交関係者で構成されているグループ。

監訳者紹介

日中翻訳学院（にっちゅうほんやくがくいん）

日本僑報社が2008年9月に創設した出版翻訳プロ養成スクール。

訳者紹介

速水澄（はやみ ちょう）

1962年和歌山県生まれ。1986年国立大阪教育大学教育学部国語科卒業。中学校で国語教育に携わった後、中国語の勉強を開始し、2008年に中国語通訳案内士の資格を取得。中国語の通訳、企業の中国語赴任前研修講師、観光案内業務、中日翻訳業務等を請け負い、現在に至る。経済、政策関連、学術論文など多方面に実績があり、2013年より日中翻訳学院にて出版翻訳を学ぶ。

チャイニーズドリーム―中国が描く青写真―

2015年12月25日　初版第1刷発行

編著者　任暁駟（にん ぎょうし）

訳　者　速水澄（はやみ ちょう）

発行者　段景子

発行所　株式会社 日本僑報社

〒171-0021 東京都豊島区西池袋3-17-15

TEL03-5956-2808　FAX03-5956-2809

info@duan.jp

http://jp.duan.jp

中国研究書店 http://duan.jp

2015 Printed in Japan.　ISBN 978-4-86185-213-8　C0036

日本僑報社のベストセラー書籍

日本語と中国語の落し穴
同じ漢字で意味が違う - 用例で身につく日中同字異義語 100

久佐賀義光 著　王達 監修

" 同字異義語 " を楽しく解説した人気コラムが書籍化！中国語学習者だけでなく一般の方にも。漢字への理解が深まり話題も豊富に。

四六判 252 頁並製　定価 1900 円 + 税
2015 年刊　ISBN 978-4-86185-177-3

日本の「仕事の鬼」と中国の <酒鬼>
漢字を介してみる日本と中国の文化

日本図書館協会選定図書
冨田昌宏 著

鄧小平訪日で通訳を務めたベテラン外交官の新著。ビジネスで、旅行で、宴会で、中国人もあっと言わせる漢字文化の知識を集中講義！

四六判 192 頁並製　定価 1800 円 + 税
2014 年刊　ISBN 978-4-86185-165-0

日中中日 翻訳必携　実戦編
より良い訳文のテクニック

武吉次朗 著

2007 年刊行の『日中・中日翻訳必携』の姉妹編。好評の日中翻訳学院「武吉塾」の授業内容が一冊に！実戦的な翻訳のエッセンスを課題と訳例・講評で学ぶ

四六判 192 頁 並製　定価 1800 円＋税
2014 年刊　ISBN 978-4-86185-160-5

病院で困らないための日中英対訳 医学実用辞典
指さし会話集&医学用語辞典

松本洋子 編著

16年続いたロングセラーの最新版。病院の全てのシーンで使える会話集。病名・病状・身体の用語集と詳細図を掲載。海外留学・出張時に安心。医療従事者必携！

A5 判 312 頁 並製　定価 2500 円＋税
2014 年刊　ISBN 978-4-86185-153-7

日本語と中国語の妖しい関係
中国語を変えた日本の英知

松浦喬二 著

この本は、雑誌『AERA』や埼玉県知事のブログにも取り上げられた話題作。日中の共通財産である「漢字」を軸に、日本語と中国語の特性や共通点・異なる点を分かりやすく記している。

四六判 220 頁 並製　定価 1800 円＋税
2013 年刊　ISBN 978-4-86185-149-0

中国人がいつも大声で喋るのはなんでなのか？
中国若者たちの生の声、第 8 弾！

段 躍中 編　石川好氏推薦

大声で主張するのは自信と誠実さを示す美徳だと評価され学校教育で奨励。また、発音が複雑な中国語は大声で明瞭に喋ることは不可欠。など日本人が抱きがちな悪印象が視点をずらすだけでずいぶん変化する。(読売新聞書評より)

A5 判 240 頁 並製　定価 2000 円＋税
2012 年刊　ISBN 978-4-86185-140-7

新中国に貢献した日本人たち
友情で綴る戦後史の一コマ

中国中日関係史学会 編
武吉次朗 訳

埋もれていた史実が初めて発掘された。日中両国の無名の人々が苦しみと喜びを共にする中で、友情を育み信頼関係を築き上げた無数の事績こそ、まさに友好の原点といえよう。元副総理・後藤田正晴

A5 判 454 頁 並製　定価 2800 円＋税
2003 年刊　ISBN 978-4-93149-057-4

中国人の心を動かした「日本力」
日本人も知らない感動エピソード

段 躍中 編　石川好氏推薦

「第 9 回中国人の日本語作文コンクール受賞作品集」。朝日新聞ほか書評欄・NHK でも紹介の好評シリーズ第 9 弾！反日報道が伝えない若者の「生の声」。

A5 判 240 頁 並製　定価 2000 円＋税
2013 年刊　ISBN 978-4-86185-163-6

中国の " 穴場 " めぐり
ガイドブックに載っていない観光地

※ブックライブ http://booklive.jpから電子書籍をご注文いただけます。

日本日中関係学会 編著
関口知宏氏推薦

本書の特徴は、単に景色がすばらしいとか、観光的な価値があるとかいうだけでなく、紹介を通じていまの中国の文化、社会、経済の背景をも浮き彫りにしようと心掛けたことでしょうか。(宮本雄二)

A5 判 160 頁 (フルカラー) 並製　定価 1500 円 + 税
2014 年刊　ISBN 978-4-86185-167-4

大きな愛に境界はない
小島精神と新疆 30 年

日本友人小島康誉先生新疆貢献 30 周年記念

韓子勇 編著　趙新利 訳

この本に記載されている小島先生の事跡は、日中両国の財産であり、特に今の日中関係改善に役にたつと思う。もっと多くの人に知って欲しい。

A5 判 180 頁 (フルカラー) 並製　定価 1200 円 + 税
2013 年刊　ISBN 978-4-86185-148-3

※ご注文先は、奥付に記載されています。

僑 日本図書館協会選定図書（日本僑報社の刊行書籍より）

日中関係は本当に最悪なのか
政治対立下の経済発信力

日中経済発信力プロジェクト 編著

２万社の日系企業が 1000 万人雇用を創出している中国市場。経済人ら 33 人がビジネス現場から日中関係打開のヒントを伝える！

四六判 320 頁並製　定価 1900 円＋税
2014 年刊　ISBN 978-4-86185-172-8

人民元読本
今こそ知りたい！中国通貨国際化のゆくえ

陳雨露 著
森宣之（日中翻訳学院）訳
野村資本市場研究所シニアフェロー・関志雄氏推薦

本書は、貨幣史や、為替制度、資本移動の自由化など、様々な角度から人民元を分析。「最も体系的かつ権威的解説」

四六判 208 頁並製　定価 2200 円＋税
2014 年刊　ISBN 978-4-86185-147-6

ことづくりの国」日本へ
そのための「喜怒哀楽」世界地図

関口知宏 編
ＮＨＫ解説委員・加藤青延氏推薦

鉄道の旅で知られる著者が、世界を旅してわかった日本の目指すべき指針とは「ことづくり」だった！と解き明かす。「驚くべき世界観が凝縮されている」

四六判 248 頁並製　定価 1600 円＋税
2014 年刊　ISBN 978-4-86185-173-5

日本の「仕事の鬼」と中国の＜酒鬼＞
漢字を介してみる日本と中国の文化

冨田昌宏 著

鄧小平訪日で通訳を務めたベテラン外交官の新著。ビジネスで、旅行で、宴会で、中国人もあっと言わせる漢字文化の知識を集中講義！

四六判 192 頁並製　定価 1800 円＋税
2014 年刊　ISBN 978-4-86185-165-0

日中対立を超える「発信力」
中国報道最前線　総局長・特派員たちの声

段 躍中 編

未曾有の日中関係の悪化。そのとき記者たちは…日中双方の国民感情の悪化も懸念される 2013 年夏、中国報道の最前線の声を緊急発信すべく、ジャーナリストたちが集まった！

四六判 240 頁 並製　定価 1350 円＋税
2013 年刊　ISBN 978-4-86185-158-2

新版 中国の歴史教科書問題
—偏狭なナショナリズムの危険性—

袁偉時（中山大学教授）著
武吉次朗 訳

本書は『氷点週刊』停刊の契機になった論文『近代化と中国の歴史教科書問題』の執筆者である袁偉時・中山大学教授の関連論文集である。

A5 判 190 頁 並製　定価 3800 円＋税
2012 年刊　ISBN 978-4-86185-141-4

日中外交交流回想録

林祐一 著

林元大使九十年の人生をまとめた本書は、官と民の日中交流の歴史を知る上で大変重要な一冊であり、読者各位、特に若い方々に推薦します。
衆議院議員 日中協会会長 野田毅 推薦

四六判 212 頁 上製　定価 1900 円＋税
2008 年刊　ISBN 978-4-86185-082-0

わが人生の日本語

劉 徳有 著

大江健三郎氏推薦の話題作『日本語と中国語』（講談社）の著者・劉徳有氏が世に送る日本語シリーズ第４作！日本語の学習と探求を通して日本文化と日本人のこころに迫る好著。是非ご一読を！

A5 判 332 頁 並製　定価 2500 円＋税
2007 年刊　ISBN 978-4-86185-039-4

『氷点』事件と歴史教科書論争
日本人学者が読み解く中国の歴史論争

佐藤公彦（東京外語大学教授）著

「氷点」シリーズ・第四弾！
中山大学教授・袁偉時の教科書批判の問題点はどこにあるか、張海鵬論文は批判に答え得たか、日本の歴史学者は自演と歴史認識論争をどう読んだか…。

A5 判 454 頁 並製　定価 2500 円＋税
2007 年刊　ISBN 978-4-93149-052-3

『氷点』停刊の舞台裏
問われる中国の言論の自由

李大同 著
三潴正道 監訳　而立会 訳

世界に先がけて日本のみで刊行！！
先鋭な話題を提供し続けてきた『氷点』の前編集主幹・李大同氏が、停刊事件の経緯を赤裸々に語る！

A5 判 507 頁 並製　定価 2500 円＋税
2006 年刊　ISBN 978-4-86185-037-0

※ご注文先は、奥付に記載されています。